Az olasz konyha kézikönyve 2023

Az olasz gasztronómia rejtett kincsei

Giovanni Randaccio

TARTALOMJEGYZÉK

Nyúl fehérborral és gyógynövényekkel 9

nyúl olajbogyóval 12

Nyúl, Porchetta stílusú 14

Rizs és garnélarák saláta 17

Garnélarák, narancs és szardella saláta 19

Szardínia és rukkola saláta 21

Grillezett kagyló saláta 24

velencei rák saláta 26

Tintahal saláta rukkolával és paradicsommal 28

Homár saláta 31

Toszkán tonhal és bab saláta 34

Tonhal saláta kuszkuszos 36

Tonhal saláta babbal és rukkolával 38

Tonhal saláta péntek esténként 41

Gorgonzola és mogyoró öntet 43

Citromkrémes öntet 44

Narancs és mézes öntet 45

Húsleves 46

Csirkehúsleves 48

Antonietta bableves 50

Tészta és bab 53

Krémes bableves 55

Friuli árpa- és bableves 57

Bableves és gombaleves 59

Tészta és bab Milan 61

Lencse és édeskömény leves 65

Spenót-, lencse- és rizsleves 67

Lencse- és zöldségleves 69

Püresített lencseleves krutonnal 71

Puglia csicseriborsó leves 73

Csicseriborsó és tészta leves 75

Ligur csicseriborsó- és vargányaleves 77

Toszkán kenyér és zöldségleves 80

Téli squash leves 84

Leves "főtt víz" 86

Cukkini pesto leves 88

Póréhagyma, paradicsom és kenyérleves 91

Cukkini és paradicsomleves 93

Cukkini és burgonya leves 95

Krémes édeskömény leves 97

Gomba- és burgonyaleves 99

Karfiol krém 101

Szicíliai paradicsom- és árpaleves 103

pirospaprika leves 105

Fontina, kenyér és káposztaleves 107

krémes gombaleves 109

Pesto zöldségleves 111

Pavia tojásleves 113

sós fanyar tészta 116

Spenótos és ricotta torta 119

póréhagymás lepény 121

Mozzarella, bazsalikom és sült paprikás szendvicsek 123

Spenótos és robiola szendvicsek 125

Riviera szendvics 127

Háromszög alakú tonhal és sült paprikás szendvicsek 130

Háromszög alakú sonkás és füges szendvicsek 132

Amaretto sült alma 134

Livia almás pitéje 136

Sárgabarack citromszirupban 139

Bogyók citrommal és cukorral 141

Eper balzsamecettel 143

Málna Mascarponéval és balzsamecettel 145

Cseresznye Baroloban 147

forrón sült gesztenye 149

fügekonzervek 151

Csokoládéba mártott füge 153

Füge borszirupban 155

Dóra sült füge 157

Mézharmat menta szirupban 159

Narancs narancsszirupban 160

Gratin narancs zabaglionével 162

Fehér őszibarack az Asti Spumante-ban 164

Őszibarack vörösborban 165

Amaretti töltött őszibarack 166

Körte narancsszószban 168

Körte Marsalával és tejszínnel 170

Körte meleg csokoládészósszal 172

Rumos fűszeres körte 174

Fűszeres körte pecorinóval 176

Buggyantott körte Gorgonzolával 178

Körte vagy almapuding torta 180

meleg gyümölcsbefőtt 183

Velencei karamellizált gyümölcs 185

Gyümölcs mézzel és Grappával 187

téli gyümölcssaláta 189

Grillezett nyári gyümölcs 191

meleg ricotta mézzel 193

ricotta kávé 194

Mascarpone és őszibarack 196

Csokoládé hab málnával 198

Tiramisu 200

epres tiramisu 202

olasz apróság 204

sabayon 206

Csokoládé Zabaglione 208

Hideg zabaglione piros bogyós gyümölcsökkel 210

Citromzselé 212

Narancs rum zselé 214

Nyúl fehérborral és gyógynövényekkel

Fehérbor Coniglio

4 adagot készít

Ez egy ligur nyúl alaprecept, amelyet fekete vagy zöld olajbogyó vagy más fűszernövények hozzáadásával lehet variálni. A szakácsok ezen a vidéken sokféleképpen készítik el a nyulat, például fenyőmaggal, gombával vagy articsókával.

1 nyúl (21/2-3 font), 8 darabra vágva

Só és frissen őrölt fekete bors

3 evőkanál olívaolaj

1 kis hagyma apróra vágva

1 1/2 csésze sárgarépa apróra vágva

1 1/2 csésze zeller apróra vágva

1 evőkanál apróra vágott friss rozmaringlevél

1 teáskanál apróra vágott friss kakukkfű

1 babérlevél

1/2 csésze száraz fehérbor

1 csésze csirkehúsleves

1. Öblítse le a nyúldarabokat, és törölje szárazra papírtörlővel. Sózzuk, borsozzuk.

2. Egy nagy serpenyőben közepes lángon hevítsük fel az olajat. Adjuk hozzá a nyulat, és pirítsuk enyhén minden oldalát, körülbelül 15 percig.

3. Szórjuk meg a hagymát, a sárgarépát, a zellert és a fűszernövényeket a nyúldarabok köré, és főzzük, amíg a hagyma megpuhul, körülbelül 5 percig.

4. Adjuk hozzá a bort és forraljuk fel. Főzzük, amíg a folyadék nagy része el nem párolog, körülbelül 2 percig. Adjuk hozzá a levest, és forraljuk fel. Csökkentse a hőt minimálisra. Fedjük le a serpenyőt, és főzzük, miközben a nyulat időnként megforgatjuk fogóval, amíg megpuhul, amikor villával megszúrjuk, körülbelül 30 percig.

5. Tegye át a nyulat egy tálalótálra. Fedjük le és tartsuk melegen. Növelje a hőt, és párolja a serpenyő tartalmát, amíg csökken és sűrű, körülbelül 2 percig. Dobja el a babérlevelet.

6. A serpenyő tartalmát a nyúlra öntjük, és azonnal tálaljuk.

nyúl olajbogyóval

Coniglio alla stimperata

4 adagot készít

Pirospaprika, zöld olajbogyó és kapribogyó ízesíti ezt a szicíliai stílusú nyúlételt. Az alla stimperata kifejezést számos szicíliai receptre alkalmazzák, bár jelentése nem világos. Ez származhat a temperare-ből, ami azt jelenti, hogy "feloldani, hígítani vagy keverni", és arra utal, hogy vizet adnak az edénybe, miközben a nyúl főz.

1 nyúl (2 1/2-3 font), 8 darabra vágva

1 1/4 csésze olívaolaj

3 gerezd fokhagyma, felaprítva

1 csésze kimagozott zöld olajbogyó, leöblítve és lecsepegtetve

2 piros kaliforniai paprika vékony csíkokra vágva

1 evőkanál kapribogyó, leöblítve

csipetnyi oregánó

Só és frissen őrölt fekete bors

2 evőkanál fehérborecet

1/2 csésze víz

1. Öblítse le a nyúldarabokat, és törölje szárazra papírtörlővel.

2. Egy nagy serpenyőben közepes lángon hevítsük fel az olajat. Adjuk hozzá a nyulat, és süssük jól barnára a darabokat minden oldalról, körülbelül 15 perc alatt. Tegye át a nyúldarabokat egy tányérra.

3. Adjuk hozzá a fokhagymát a serpenyőbe, és főzzük 1 percig. Adjuk hozzá az olajbogyót, a pimiento-t, a kapribogyót és az oregánót. 2 percig kevergetve főzzük.

4. Tegye vissza a nyulat a serpenyőbe. Ízlés szerint sózzuk, borsozzuk. Adjuk hozzá az ecetet és a vizet, és forraljuk fel. Csökkentse a hőt minimálisra. Fedjük le és főzzük, időnként megforgatva a nyulat, amíg megpuhul, amikor villával megszúrjuk, körülbelül 30 percig. Adjunk hozzá egy kevés vizet, ha a folyadék elpárolog. Tegyük át egy tálra, és forrón tálaljuk.

Nyúl, Porchetta stílusú

Coniglio Porchettában

4 adagot készít

A sertéssült készítéséhez használt fűszerek kombinációja olyan finom, hogy a szakácsok más, kényelmesebben főzhető húsokhoz is hozzáigazították. A Marches régióban vad édesköményt használnak, de a szárított édesköménymag helyettesíthető.

1 nyúl (2½-3 font), 8 darabra vágva

Só és frissen őrölt fekete bors

2 evőkanál olívaolaj

2 uncia bacon

3 gerezd fokhagyma apróra vágva

2 evőkanál apróra vágott friss rozmaring

1 evőkanál édesköménymag

2 vagy 3 zsályalevél

1 babérlevél

1 csésze száraz fehérbor

1 1/2 csésze víz

1. Öblítse le a nyúldarabokat, és törölje szárazra papírtörlővel. Sózzuk, borsozzuk.

2. Egy elég nagy serpenyőben, hogy a nyúldarabokat egyetlen rétegben tartsa, melegítse fel az olajat közepes lángon. Helyezze a darabokat a serpenyőbe. Terítsd szét a szalonnát mindenhol. Főzzük, amíg a nyúl egyik oldala megpirul, körülbelül 8 percig.

3. Fordítsuk meg a nyulat, és szórjuk rá a fokhagymát, a rozmaringot, az édesköményt, a zsályát és a babérlevelet. Amikor a nyúl a második oldalán aranybarna, körülbelül 7 perc elteltével öntsük hozzá a bort, és keverjük össze, kaparjuk fel a serpenyő alját. 1 percig forraljuk a bort.

4. Főzzük fedő nélkül, időnként megforgatva a húst, amíg a nyúl nagyon megpuhul és le nem esik a csontjáról, körülbelül 30 percig. (Ha a serpenyő túlságosan kiszáradna, adjunk hozzá egy kis vizet.)

5. Dobja el a babérlevelet. Tegye át a nyulat egy tálra, és melegen tálalja a serpenyős levével együtt.

Rizs és garnélarák saláta

Insalata di Riso Gamberivel

4 adagot készít

A Róma külvárosában található Fiumicino leginkább Olaszország egyik legnagyobb repülőterének helyszíneként ismert, amelyet Leonardo Da Vinci művészről neveztek el. De Fiumicino egyben tengeri kikötő is, ahová a rómaiak szívesen mennek nyáron, hogy élvezzék a hűvös szellőt, és étkezzenek a tengerpart egyik kiváló tengeri éttermeiben. A Bastianelli al Molóban a teraszon ülünk egy nagy fehér esernyő alatt, és nézzük a tengert. Volt egy többfogásos étkezésem, amely ezt az egyszerű rizs-garnéla salátát tartalmazta.

A főtt hosszú szemű rizs hűtve megkeményedik, ezért ezt a salátát röviddel a tálalás előtt készítse el.

2 csésze hosszú szemű rizs

1/3 csésze extra szűz olívaolaj

3 evőkanál friss citromlé

1 font közepes garnélarák, héjastól és kifejtve

1 csokor rukkola

2 közepes paradicsom szeletekre vágva

1. Forraljon fel 4 csésze vizet egy nagy serpenyőben. Adjuk hozzá a rizst és 1 teáskanál sót. Jól keverjük össze. Csökkentse a hőt alacsonyra, fedje le a serpenyőt, és főzze, amíg a rizs megpuhul, 16-18 percig. Öntsük a rizst egy nagy tálba.

2. Egy kis tálban keverjük össze az olajat, a citromlevet és ízlés szerint sózzuk, borsozzuk. Adjuk hozzá az öntet felét a rizshez, és hagyjuk kihűlni.

3. Vágja le a rukkola kemény szárát, és dobja ki a megsárgult vagy zúzódásos leveleket. Mossa meg a rukkolát többszöri cserében hideg vízben. Nagyon jól szárítjuk. A rukkolát vágjuk apró kockákra.

4. Egy közepes lábosban forraljunk fel 2 liter vizet. Adjuk hozzá a garnélarákot és a sót ízlés szerint. Forraljuk fel, és főzzük addig, amíg a garnélarák rózsaszínűvé nem válik, és éppen átfőtt, körülbelül 2 percig. Lecsepegtetjük és folyó víz alatt lehűtjük.

5. A garnélarákot apró darabokra vágjuk. Adjuk hozzá a garnélarákot és a rukkolát a rizshez. Adjuk hozzá a maradék öntetet és jól keverjük össze. Kóstoljuk meg és állítsuk be a fűszerezést. Díszítsük a paradicsommal. Azonnal tálaljuk.

Garnélarák, narancs és szardella saláta

Insalata di Gamberi, Arancia és Acciughe

4 adagot készít

Az egyik kedvenc velencei éttermem a La Corte Sconta, a "rejtett udvar". A neve ellenére nem túl nehéz megtalálni, mivel ez egy nagyon népszerű trattoria, ahol az összes tenger gyümölcseiből álló menüt szolgálják fel. Ezt a dijoni mustárral fűszerezett salátát az egyik, amit ott ettem, ihlette.

1 kis vöröshagyma, vékonyra szeletelve

2 teáskanál dijoni mustár

1 gerezd fokhagyma, enyhén összetörve

4 teáskanál friss citromlé

¹1/4 csésze extra szűz olívaolaj

1 teáskanál apróra vágott friss rozmaring

Só és frissen őrölt fekete bors

24 db nagy garnélarák, meghámozva és kivágva

4 köldöknarancs meghámozva, fehér magját eltávolítva és felszeletelve

1 (2 uncia) konzerv szardellafilé, lecsepegtetve

1.Helyezze a hagymát egy közepes tálba, amelyet nagyon hideg vízzel töltött, hogy ellepje. 10 percig állni hagyjuk. A hagymát lecsepegtetjük, ismét felöntjük nagyon hideg vízzel, és még 10 percig állni hagyjuk. (Ezáltal kevésbé lesz erős a hagyma íze.) Szárítsuk meg a hagymát.

2.Egy nagy tálban keverjük össze a mustárt, a fokhagymát, a citromlevet, az olajat és a rozmaringot ízlés szerint sóval és frissen őrölt fekete borssal.

3.Egy közepes lábosban vízzel, közepes lángon forraljuk fel. Adjuk hozzá a garnélarákot és a sót ízlés szerint. Addig főzzük, amíg a garnélarák rózsaszínűvé nem válik, és átsül, méretétől függően körülbelül 2 percig. Lecsepegtetjük és folyó víz alatt lehűtjük.

4.Adjuk hozzá a garnélarákot az öntettel együtt, és jól keverjük össze. A vízitormát tálalótányérokra helyezzük. A tetejét megkenjük a narancsszeletekkel. Öntsük a garnélarákot és az öntetet a narancsra. A tetejére terítjük a hagyma szeleteket. Azonnal tálaljuk.

Szardínia és rukkola saláta

Salata con le Sarde

2 adagot készít

Ez a saláta egy Rómában kipróbált salátán alapul, amelyet egy vastag szelet pirított kenyéren szolgáltak fel, és bruschettaként tálalták. Bár tetszett a kombináció, nehéz volt enni. A kenyeret inkább köretként tálalom. Az olívaolajba csomagolt szardíniakonzerv finom füstös ízű, ami sokat ad ehhez az egyszerű salátához.

1 nagy csokor rukkola

2 evőkanál olívaolaj

1 evőkanál friss citromlé

Só és frissen őrölt fekete bors

½ csésze pácolt fekete olajbogyó, kimagozva és 2 vagy 3 részre vágva

1 (3 uncia) doboz szardínia olívaolajban

2 zöldhagyma, vékonyra szeletelve

4 szelet pirított olasz kenyér

1. Vágja le a rukkola kemény szárát, és dobja ki a megsárgult vagy zúzódásos leveleket. Mossa meg a rukkolát többszöri cserében hideg vízben. Nagyon jól szárítjuk. A rukkolát vágjuk apró kockákra.

2. Egy nagy tálban keverjük össze az olajat, a citromlevet és ízlés szerint sózzuk, borsozzuk. Adjuk hozzá a rukkolát, az olajbogyót, a szardíniát és a metélőhagymát, és jól keverjük össze. Kóstoljuk meg és állítsuk be a fűszerezést.

3. Azonnal tálaljuk a pirított kenyérrel.

Grillezett kagyló saláta

Salata di Capesante alla Griglia

3-4 adagot tesz ki.

A nagy, gömbölyű tengeri herkentyűket finoman grillezzük, és zsenge zöldek és paradicsomágyon tálaljuk. A tengeri herkentyűket kinti grillen is meg lehet sütni, de ezt a salátát egész évben készítem, így a tengeri herkentyűket leggyakrabban grillserpenyőben főzöm. Ezt a salátát egy olyan saláta ihlette, amelyet gyakran élveztem a New York-i I Trulli étteremben és az Enotecában.

Olivaolaj

1 font nagy kagyló, leöblítve

2 evőkanál friss citromlé

Só és frissen őrölt fekete bors

2 evőkanál apróra vágott friss bazsalikom

1 evőkanál apróra vágott friss menta

2 nagy érett paradicsom apróra vágva

6 csésze babasaláta zöldje, apróra vágva

1.Melegítsünk fel egy grillserpenyőt közepesen magas hőfokon, amíg egy csepp víz fel nem kerül a felszínre. A serpenyőt vékonyan megkenjük olajjal.

2.Szárítsa meg a tengeri herkentyűket, és tegye a serpenyőbe. Főzzük, amíg a tengeri herkentyűk enyhén megpirulnak, körülbelül 2 percig. Fordítsd meg a tengeri herkentyűket, és süsd aranybarnára és enyhén áttetszőre a közepén, még 1-2 percig.

3.Egy nagy tálban keverjük össze a citromlevet 3 evőkanál olajjal. Adjuk hozzá a tengeri herkentyűt és jól keverjük össze. Hagyjuk állni 5 percig, egyszer-kétszer megkeverjük.

4.Adjuk hozzá a fűszernövényeket és a paradicsomot a kagylóhoz, és óvatosan keverjük össze.

5.A salátát tálalótányérokra helyezzük. Megkenjük a kagylós keverékkel, és azonnal tálaljuk.

velencei rák saláta

Salata di Granseola

6 adagot készít

Velencében számos borozó található, úgynevezett bacari, ahol az emberek egy pohár bor és kis tányérok mellett találkoznak barátaikkal. Ezt a nagy rákokból készült, granseole-nak nevezett finom salátát gyakran crostini feltétként szolgálják fel. A formálisabb éttermekben elegánsan, radicchio csészékben szolgálják fel. Jó előétel egy nyári étkezéshez.

2 evőkanál apróra vágott friss petrezselyem

¹1/4 csésze extra szűz olívaolaj

2 evőkanál friss citromlé

Só és frissen őrölt fekete bors ízlés szerint.

1 font friss rákhús, vágva

radicchio levelek

1. Egy közepes tálban keverjük össze a petrezselymet, az olajat, a citromlevet és ízlés szerint sózzuk és borsozzuk. Adjuk hozzá a rákhúst, és jól keverjük össze. Szeretek fűszerezni.

2. A radicchio leveleket tálalótányérokra helyezzük. Helyezze a salátát a levelekre. Azonnal tálaljuk.

Tintahal saláta rukkolával és paradicsommal

Calamari saláta

6 adagot készít

A tintahal (calamari) felületén lévő keresztbe vágott vágások miatt a darabok szorosan összegömbölyödnek főzés közben. Ez nem csak megpuhítja a tintahalat, hanem nagyon vonzóvá is teszi.

A legjobb íz érdekében jól pácoljuk be. A tintahalat akár három órával korábban is elkészítheti.

1 1/2 font tisztított tintahal (tintahal)

2 gerezd darált fokhagyma

2 evőkanál apróra vágott friss petrezselyem

5 evőkanál olívaolaj

2 evőkanál friss citromlé

Só és frissen őrölt fekete bors

1 nagy csokor rukkola

1 evőkanál balzsamecet

1 csésze koktél- vagy szőlőparadicsom félbevágva

1. A tintahalat hosszában felvágjuk és laposra bontjuk. Éles késsel vágja be a testeket úgy, hogy az átlós vonalakat körülbelül 1/4 hüvelyk távolságra helyezze el egymástól. Forgassa el a kést, és készítsen átlós vonalakat az ellenkező irányba, keresztezett mintát képezve. Vágjon minden tintahalat 2 hüvelykes négyzetekre. Vágja ketté minden csápcsoport alapját. Öblítsük le és csepegtessük le a darabokat, majd tegyük egy tálba.

2. Adjuk hozzá a fokhagymát, a petrezselymet, a 2 evőkanál olívaolajat, a citromlevet, és ízlés szerint sózzuk, borsozzuk, és jól keverjük össze. Fedjük le és pácoljuk 3 órával a főzés előtt.

3. Tegye át a tintahalat és a pácot egy nagy serpenyőbe. Főzzük közepesen magas lángon, gyakran kevergetve, amíg a tintahal átlátszatlan nem lesz, körülbelül 5 percig.

4. Vágja le a rukkola kemény szárát, és dobja ki a megsárgult vagy zúzódásos leveleket. Mossa meg a rukkolát többszöri cserében hideg vízben. Nagyon jól szárítjuk. A rukkolát vágjuk apró kockákra. Helyezze a rukkolát egy tálba.

5. Egy kis tálban keverjük össze a maradék 3 evőkanál olajat és ecetet, ízlés szerint sózzuk, borsozzuk. Ráöntjük a rukkolára, és

jól összekeverjük. A tintahalat a rukkola fölé helyezzük. A tetejére szórjuk a paradicsomot, és azonnal tálaljuk.

Homár saláta

Salata di Aragosta

4-6 adagot tesz ki

Szardínia híres tenger gyümölcseiről, különösen a homárról, amelyet aszticeként ismernek, és az édes garnélarákról. A férjemmel ezt a friss salátát ettük egy kis tengerparti trattoriában Algheróban, miközben figyeltük, ahogy a halászok megjavítják a hálóikat a másnapi munkához. Az egyik mezítláb ült a dokkban. A lábujjaival megragadta a háló egyik végét, és feszesen tartotta, hogy mindkét keze szabadon varrhasson.

Ez a saláta lehet teljes étkezés vagy első fogás. Egy üveg hideg szardíniai vernaccia tökéletes kísérő lenne.

Egyes halpiacokon megpárolják helyetted a homárt, így megspórolhatsz egy lépést.

4 homár (egyenként kb. 11/4 font)

1 közepes vöröshagyma félbevágva és vékonyra szeletelve

6 bazsalikom levél

4 bébi zeller tarja, vékonyra szeletelve

Körülbelül 1/2 csésze extra szűz olívaolaj

2-3 evőkanál friss citromlé

Só és frissen őrölt fekete bors

Saláta levelek

8 vékony szelet ropogós olasz kenyér

1 gerezd fokhagyma

3 nagy érett paradicsom szeletekre vágva

1. Helyezzen egy állványt vagy párolókosarat egy olyan edény aljára, amely elég nagy ahhoz, hogy mind a négy homár elférjen benne. (Egy 8 vagy 10 literes fazéknak működnie kell.) Addig adj hozzá vizet, amíg az állvány alá nem ér. Forraljuk fel a vizet. Adjuk hozzá a homárt, és fedjük le az edényt. Amikor a víz ismét felforr, és gőz jön ki az edényből, főzzük a homárokat 10 percig vagy tovább, méretüktől függően. Tegye át a homárokat egy tálra, és hagyja kihűlni.

2. Helyezze a hagymát egy kis tálba, és fedje le jeges vízzel. 15 percig állni hagyjuk. Cserélje ki a vizet, és hagyja még 15 percig állni. Lecsepegtetjük és szárítjuk.

3. Közben távolítsa el a homárhúst a héjából. Törje le a homár farkát. Baromfiolló segítségével távolítsa el a farokhúst borító vékony héjat. Üsd meg a karmokat a kés tompa oldalával, hogy eltörd őket. Nyissa ki a karmait. Az ujjaival távolítsa el a húst. A húst vékony szeletekre vágjuk, és egy nagy tálba tesszük.

4. A bazsalikomleveleket egymásra rakjuk, és keresztben vékony csíkokra vágjuk. Adja hozzá a bazsalikomot, a zellert és a hagymát a homárral együtt. Meglocsoljuk 1/4 csésze olajjal és a citromlével, és ízlés szerint megszórjuk sóval és borssal. Jól összekeverni. A homárkeveréket négy salátalevéllel bélelt tányérra helyezzük.

5. A kenyeret megpirítjuk, majd egy apróra vágott fokhagymagerezddel bedörzsöljük. A pirítóst meglocsoljuk a maradék olajjal és megszórjuk sóval. Díszítsük a tálat pirítóssal és paradicsomszeletekkel. Azonnal tálaljuk.

Toszkán tonhal és bab saláta

Insalata di Tonno alla Toscana

6 adagot készít

A toszkán szakácsok arról híresek, hogy képesek tökéletesre főzni a babot. A finom, krémes és ízekkel teli bab valami különlegessé varázsol egy közönséges ételt, például ezt a klasszikus salátát. Ha találsz, vegyél ventresca di tonnót, tonhalhasat, jó olívaolajban befőzve. A hasat a tonhal legfinomabb részének tekintik. Drágább, de tele ízzel, húsos állaggal.

3 evőkanál extra szűz olívaolaj

1-2 evőkanál friss citromlé

Só és frissen őrölt fekete bors

3 csésze főtt vagy konzerv cannellini bab, lecsepegtetve

2 bébi zeller tarja, vékonyra szeletelve

1 kis vöröshagyma, nagyon vékonyra szeletelve

2 (7 uncia) doboz olasz tonhal olívaolajban

2-3 belga endívia, levágva és lándzsákra osztva

1. Egy közepes tálban keverjük össze az olajat, a citromlevet, ízlés szerint sót és egy bő borsot.

2. Adjuk hozzá a babot, a zellert, a hagymát és a tonhalat. Jól keverjük össze.

3. Az endívia szárát egy tálba rendezzük. A tetejére a salátát. Azonnal tálaljuk.

Tonhal saláta kuszkuszos

Insalata di Tonno e Cuscusu

4 adagot készít

A kuszkuszt különféle olasz régiókban fogyasztják, beleértve Szicília és Toszkána egyes részeit. A szicíliai San Vito lo Capo városában minden évben kuszkuszfesztivált rendeznek, amely látogatók százezreit vonzza a világ minden tájáról. A kuszkuszt hagyományosan különféle tenger gyümölcseivel, hússal vagy zöldségekkel főzik, és forrón szolgálják fel. Ez a gyors tonhal és kuszkusz saláta modern és kielégítő étel.

1 csésze gyorsan főző kuszkusz

Só

2 evőkanál apróra vágott friss bazsalikom

3 evőkanál olívaolaj

2 evőkanál citromlé

frissen őrölt fekete bors

1 (7 uncia) doboz olasz tonhal olívaolajban

2 bébi zeller tarja apróra vágva

1 apróra vágott paradicsom

1 kis uborka meghámozva, kimagozva és feldarabolva

1. A kuszkusz sóval ízlés szerint, a csomagolási utasítás szerint főzzük meg.

2. Egy kis tálban keverjük össze a bazsalikomot, az olajat, a citromlevet és ízlés szerint sózzuk, borsozzuk. Hozzáadjuk a meleg kuszkuszt. Jól összekeverni. Kóstoljuk meg és állítsuk be a fűszerezést. A tonhalat csepegtessük le, és tegyük a tálba a zellerrel, a paradicsommal és az uborkával.

3. Jól keverjük össze. Kóstoljuk meg és állítsuk be a fűszerezést. Szobahőmérsékleten tálaljuk, vagy rövid ideig hűtőben hűtjük.

Tonhal saláta babbal és rukkolával

Insalata di Tonno, Fagioli és Rucola

2-4 adagot tesz ki

Azt hiszem, egy egész könyvet tudnék írni a kedvenc tonhalsalátáimról. Ezt gyakran készítem egy gyors ebédre vagy vacsorára.

1 nagy csokor rukkola vagy vízitorma

2 csésze főtt vagy konzerv cannellini vagy áfonyabab, lecsepegtetve

1 (7 uncia) doboz olasz tonhal olívaolajban

1/4 csésze apróra vágott vöröshagyma

2 evőkanál kapribogyó, leöblítjük és lecsepegtetjük

1 evőkanál friss citromlé

Só és frissen őrölt fekete bors

Citrom szelet díszítéshez

1. Vágja le a rukkola vagy a vízitorma kemény szárát, és dobja ki a megsárgult vagy sérült leveleket. Mossa meg a rukkolát

többszöri cserében hideg vízben. Nagyon jól szárítjuk. A zöldségeket falatnyi kockákra vágjuk.

2. Egy nagy salátástálban keverjük össze a babot, a tonhalat és annak olaját, a lilahagymát, a kapribogyót és a citromlevet. Jól összekeverni.

3. Hozzáadjuk a zöldségeket, és citromkarikákkal díszítve tálaljuk.

Tonhal saláta péntek esténként

Salata di Venerdi Sera

4 adagot készít

Volt idő, amikor a péntekek húsmentes napok voltak a katolikus otthonokban. A vacsora nálunk általában tésztából, babból és ebből az egyszerű salátából állt.

1 (7 uncia) doboz olasz tonhal olívaolajban

2 zellerborda levelekkel, vágva és felszeletelve

2 közepes paradicsom, apróra vágva

2 kemény tojás, meghámozva és negyedelve

3-4 szelet lilahagyma vékonyra szeletelve és negyedelve

csipet szárított oregánó

2 evőkanál extra szűz olívaolaj

1/2 közepes fej római saláta, leöblítve és szárítva

Citrom szelet

1. Helyezze a tonhalat az olajával egy nagy tálba. A tonhalat villával darabokra törjük.

2. Adjuk hozzá a zellert, a paradicsomot, a tojást és a hagymát a tonhalhoz. Meglocsoljuk az oregánóval és az olívaolajjal, és enyhén megforgatjuk.

3. Helyezze a salátaleveleket egy tálba. A tetejére tonhal salátát teszünk. Díszítsük citromkarikákkal és azonnal tálaljuk.

Gorgonzola és mogyoró öntet

Gorgonzola és Nocciole szósz

Kb. 2/3 csészét tesz ki

Ezt az öntetet Piemontban kaptam, ahol endívia leveleken tálalták, de bármilyen rágós zöldséghez jó, mint például a fríz, az endívia vagy a spenót.

4 evőkanál extra szűz olívaolaj

1 evőkanál vörösbor ecet

Só és frissen őrölt fekete bors

2 evőkanál morzsolt gorgonzola

1/4 csésze apróra vágott pirított mogyoró (lásd<u>A dió pirítása és héja</u>)

Egy kis tálban keverjük össze az olajat, az ecetet, a sót és a borsot ízlés szerint. Hozzáadjuk a gorgonzolát és a mogyorót. Azonnal tálaljuk.

Citromkrémes öntet

Salsa di Limone alla Panna

Kb. 1/3 csésze

Egy kis krém lágyítja a citromos öntetet. Ezt szeretem bébi saláta leveleken.

3 evőkanál extra szűz olívaolaj

1 evőkanál friss citromlé

1 evőkanál nehéz tejszín

Só és frissen őrölt fekete bors

Egy kis tálban keverjük össze az összes hozzávalót. Azonnal tálaljuk.

Narancs és mézes öntet

Citronette al'Arancia

Kb. 1/3 csésze

Az öntet édessége miatt tökéletesen illeszkedik a vegyes zöldségekhez, mint például a mezclum. Vagy próbálja ki vízitorma, lilahagyma és fekete olajbogyó kombinációjával.

3 evőkanál extra szűz olívaolaj

1 teáskanál méz

2 evőkanál természetes narancslé

Só és frissen őrölt fekete bors

Egy kis tálban keverjük össze az összes hozzávalót. Azonnal tálaljuk.

Húsleves

brodo di hús

Körülbelül 4 litert tesz ki

Itt van egy alapleves, amelyet különféle húsfajtákból készítenek, levesekhez, rizottikhoz és pörköltekhez. A jó húslevesnek tele kell lennie ízekkel, de nem annyira agresszívnek, hogy átvegye az étel ízét. Használhat marha-, borjú- és baromfihúst, de kerülje a sertés- vagy bárányhúst. Íze erős, és elnyomja a húslevest. Változtasd a húsok arányát ehhez a húsleveshez tetszés szerint, vagy attól függően, hogy milyen hozzávalók vannak kéznél.

2 kiló húsos marhacsontok

2 kiló csontos marhalapocka

2 kiló csirke vagy pulyka részek

2 sárgarépa, vágva és 3 vagy 4 részre vágva

2 zellerborda levelekkel, 3 vagy 4 részre vágva

2 közepes hagyma, meghámozva, de egészben hagyva

1 nagy paradicsom vagy 1 csésze apróra vágott konzerv paradicsom

1 gerezd fokhagyma

3-4 szál friss lapos petrezselyem szárral

1. Egy nagy fazékban keverjük össze a húst, a csontokat és a csirkerészeket. Adjunk hozzá 6 liter hideg vizet, és forraljuk fel közepes lángon.

2. A hőt úgy állítsuk be, hogy a víz csak forrjon. A húsleves felszínére felszálló habot és zsírt lefölözzük.

3. Amikor már nem kel a hab, adjuk hozzá a többi hozzávalót. Főzzük 3 órán át, a hőt úgy szabályozzuk, hogy a folyadék finoman buborékoljon.

4. Hagyja a húslevest rövid ideig hűlni, majd szűrje le műanyag tárolóedényekbe. A húsleves azonnal felhasználható, vagy hagyjuk teljesen kihűlni, majd letakarva tároljuk hűtőszekrényben legfeljebb 3 napig, vagy fagyasztóban legfeljebb 3 hónapig.

Csirkehúsleves

Brodo di Chicken

Körülbelül 4 litert tesz ki

Egy idősebb csirke, más néven madár, teltebb, gazdagabb ízt ad a húslevesnek, mint egy fiatal madár. Ha nem talál madarat, próbáljon meg pulykaszárnyakat vagy -nyakokat adni a húsleveshez, de ne használjon túl sok pulykát, különben az íze elborítja a csirkét.

A főzés után a hús ízének nagy része kiforr, de a takarékos olasz szakácsok salátát készítenek belőle, vagy tészta- vagy zöldséges tölteléket készítenek belőle.

1 egész 4 kilós madár vagy csirke

2 kiló csirke vagy pulyka részek

2 zeller tarja levelekkel, szeletelve

2 sárgarépa, apróra vágva

2 közepes hagyma, meghámozva és egészben hagyva

1 nagy paradicsom vagy 1 csésze apróra vágott konzerv paradicsom

1 gerezd fokhagyma

3 vagy 4 szál friss petrezselyem

1. Helyezze a baromfit és a csirke- vagy pulykarészeket egy nagy fazékba. Adjunk hozzá 5 liter hideg vizet, és forraljuk fel közepes lángon.

2. A hőt úgy állítsuk be, hogy a víz csak forrjon. A húsleves felszínére felszálló habot és zsírt lefölözzük.

3. Amikor a hab már nem kel, adjuk hozzá a többi hozzávalót. Főzzük 2 órán át, a hőt úgy szabályozzuk, hogy a folyadék finoman buborékoljon.

4. Hagyja a húslevest rövid ideig hűlni, majd szűrje le műanyag tárolóedényekbe. A húsleves azonnal felhasználható, vagy hagyjuk teljesen kihűlni, majd letakarva tároljuk hűtőszekrényben legfeljebb 3 napig, vagy fagyasztóban legfeljebb 3 hónapig.

Antonietta bableves

Zuppa di Fagioli

8 adagot készít

Amikor meglátogattam a Pasetti családi pincészetet Abruzzóban, a szakácsuk, Antonietta ezt a bablevest készítette ebédre. A klasszikusra épül<u>Abruzzo stílusú ragù</u>, de használhatsz másik paradicsomszószt is hússal vagy anélkül.

Élelmiszerdarálót használnak a bab simítására és a héj eltávolítására. A levest robotgépben vagy turmixgépben is pürésíthetjük. Antonietta frissen reszelt Parmigiano-Reggiano-val tálalta a levest, bár elmondta, hogy az adott régió vendégei hagyományosan friss zöld chili magvaival ízesítik a levest. A reszelt sajt mellé egy chilipaprikás tányért és egy kést nyújtott, hogy minden vendég apríthassa és hozzáadhassa a magáét.

2 bögre<u>Abruzzo stílusú ragù</u>, vagy más hús- vagy paradicsomszósz

3 csésze vizet

4 csésze szárított vagy konzerv cannellini bab vagy áfonya, főzve, lecsepegtetve

Só és frissen őrölt fekete bors ízlés szerint.

4 uncia spagetti, vágva vagy 2 hüvelykes darabokra törve

Frissen reszelt Parmigiano-Reggiano

1-2 friss zöld chili, például jalapeño (opcionális)

1. Ha szükséges, készítse elő a ragut. Ezután egy nagy fazékban keverje össze a ragut és a vizet. Tegye át a babot egy ételdarálón keresztül az edénybe. Lassú tűzön, időnként megkeverve addig főzzük, amíg a leves felforrósodik. Sózzuk, borsozzuk ízlés szerint.

2. Adjuk hozzá a tésztát és jól keverjük össze. Gyakran kevergetve addig főzzük, amíg a tészta sima nem lesz. Adjunk hozzá még egy kis vizet, ha a leves túl sűrű lenne.

3. Forrón vagy melegen tálaljuk. A sajtot és a friss chilit, ha használjuk, külön adjuk hozzá.

Tészta és bab

Tészta és Fagioli

8 adagot készít

A bab- és tésztalevesnek ezt a nápolyi változatát (a nyelvjárási nevén "fazool tészta" néven ismerik) általában nagyon sűrűn tálalják, de akkor is kanállal kell fogyasztani.

1 1/4 csésze olívaolaj

2 zellerborda, apróra vágva (kb. 1 csésze)

2 gerezd fokhagyma apróra vágva

1 csésze hámozott, kimagozott és felkockázott friss paradicsom vagy konzerv paradicsom

Csipet őrölt pirospaprika

Só

3 csésze főtt, szárított vagy konzerv cannellini bab vagy Great Northern bab, lecsepegtetve

8 uncia ditalini vagy törött spagetti

1.Öntsük az olajat egy nagy serpenyőbe. Adjuk hozzá a zellert és a fokhagymát. Főzzük, gyakran kevergetve, közepes lángon, amíg a zöldségek megpuhulnak és aranybarnák lesznek, körülbelül 10 percig. Adjuk hozzá a paradicsomot, a törött pirospaprikát és ízlés szerint sózzuk. Pároljuk, amíg kissé besűrűsödik, körülbelül 10 percig.

2.Adjuk hozzá a babot a paradicsomszószhoz. Forraljuk fel a keveréket. A bab egy részét egy nagy kanál hátával törjük össze.

3.Forraljunk fel egy nagy fazék vizet. Sózzuk ízlés szerint, majd a tésztát. Jól keverjük össze. Főzzük magas lángon, gyakran kevergetve, amíg a tészta megpuhul, de kissé meg nem sül. A tésztát lecsepegtetjük, a főzővíz egy részét tartalékoljuk.

4.Adjuk hozzá a pasztát a babkeverékhez. Ha szükséges, adjunk hozzá egy keveset a főzővízből, de a keveréknek nagyon sűrűnek kell lennie. Tálalás előtt kapcsoljuk le a hőt, és hagyjuk pihenni körülbelül 10 percig.

Krémes bableves

Crema di Fagioli

4-6 adagot tesz ki

Ennek a receptnek a változatát az A Tavola ("Az asztalnál"), egy olasz főzőlapban találtam. Krémes és sima, ez a leves tiszta kényelem.

3 csésze főtt, szárított vagy konzerv cannellini bab vagy Great Northern bab, lecsepegtetve

Körülbelül 2 házi készítésű csésze Húsleves vagy félig bolti marhahúsleves és fél víz keveréke

1 1/2 csésze tej

2 tojássárgája

1/2 csésze frissen reszelt Parmigiano-Reggiano, plusz még a tálaláshoz

Só és frissen őrölt fekete bors

1. A babot konyhai robotgépben, turmixgépben vagy darálóban pürésítjük.

2. Egy közepes lábosban forraljuk fel a húslevest közepes lángon. Adjuk hozzá a babpürét, és forraljuk vissza.

3. Egy kis tálban verjük fel a tejet és a tojássárgáját. Öntsön körülbelül egy csésze levest a tálba, és keverje simára. Öntse a keveréket az edénybe. Kevergetve főzzük nagyon forróra, de ne pároljuk.

4. Adjuk hozzá a Parmigiano-Reggianót és ízlés szerint sózzuk, borsozzuk. Forrón, további sajttal megszórva tálaljuk.

Friuli árpa- és bableves

Zuppa di Orzo és Fagioli

6 adagot készít

Bár az Egyesült Államokban inkább kis tésztafajtaként ismerik, az olasz orzo az árpa, az egyik első termesztett gabona neve. Az olaszországi Friuli régió egykor Ausztria része volt. Az árpa jelenléte felfedi ennek a levesnek az osztrák gyökereit.

Ha előfőzött vagy konzerv babot használ, cseréljen ki 3 csésze vagy két 16 unciás doboz lecsepegtetett babot, csökkentse a vizet 4 csészére, és főzze a levest mindössze 30 percig a 2. lépésben. Ezután járjon el az utasításoknak megfelelően.

2 evőkanál olívaolaj

2 uncia finomra vágott szalonna

2 zeller tarja, apróra vágva

2 apróra vágott sárgarépa

1 közepes vöröshagyma apróra vágva

1 gerezd fokhagyma finomra vágva

1 csésze (kb. 8 uncia) szárított cannellini vagy nagy északi bab

1/2 csésze árpagyöngy, leöblítve és lecsepegtetve

Só és frissen őrölt fekete bors

1. Öntsük az olajat egy nagy fazékba. Adjuk hozzá a szalonnát. Főzzük, gyakran kevergetve, közepes lángon, amíg a pancetta enyhén megpirul, körülbelül 10 percig. Adjuk hozzá a zellert, a sárgarépát, a hagymát és a fokhagymát. Főzzük, gyakran kevergetve, amíg a zöldségek aranybarnák nem lesznek, körülbelül 10 percig.

2. Adjuk hozzá a babot és 8 csésze vizet. Forraljuk fel. Fedjük le, és pároljuk 1 1/2-2 órán át, vagy amíg a bab nagyon puha nem lesz.

3. A bab egy részét egy nagy kanál hátával törjük össze. Adjuk hozzá az árpát, sózzuk, borsozzuk ízlés szerint. Főzzük 30 percig, vagy amíg az árpa megpuhul. A levest gyakran keverjük meg, hogy az árpa ne tapadjon az edény aljára. Adjunk hozzá vizet, ha a leves túl sűrű. Forrón vagy melegen tálaljuk.

Bableves és gombaleves

Minestra di Fagioli és Funghi

8 adagot készít

Egy hűvös őszi napon Toszkánában megkívántam egy kiadós tál levest, és egy egyszerű, de emlékezetes étkezéshez vezetett. A pienzai Il Prato étteremben a pincér bejelentette, hogy a konyha különleges bablevest készített aznap. A leves finom volt, földes, füstös ízű, amiről később megtudtam, hogy szárított vargánya hozzáadásával jött létre. A leves után rendeltem a kiváló pecorino sajtból, amiről a Pienza híres.

1/2 uncia szárított vargánya

1 csésze langyos víz

2 közepes sárgarépa, apróra vágva

1 zeller tarja, apróra vágva

1 közepes vöröshagyma apróra vágva

1 csésze hámozott, kimagozott és felkockázott friss paradicsom vagy konzerv paradicsom

1/4 csésze apróra vágott friss petrezselyem

6 házi készítésű pohár<u>Húsleves</u>bármelyik<u>Csirkehúsleves</u>vagy félig bolti húsleves és fél víz keveréke

3 csésze főtt cannellini szárított vagy konzerv, vagy északi bab, lecsepegtetve

1 1/2 csésze közepes szemű rizs, például Arborio

Só és frissen őrölt fekete bors ízlés szerint.

1. Áztassa a gombát a vízben 30 percig. Távolítsa el a gombát, és tartsa le a folyadékot. Öblítse le a gombát folyó hideg víz alatt, hogy eltávolítsa a szemcséket, különös figyelmet fordítva a szárra, ahol a szennyeződés összegyűlik. A gombát nagy darabokra vágjuk. A gombás folyadékot papír kávészűrőn keresztül egy tálba szűrjük, és félretesszük.

2. Egy nagy edényben keverje össze a gombát és folyadékát, a sárgarépát, a zellert, a hagymát, a paradicsomot, a petrezselymet és a húslevest. Forraljuk fel. Főzzük, amíg a zöldségek megpuhulnak, körülbelül 20 percig.

3. Adjunk hozzá babot és rizst, sózzuk és borsozzuk ízlés szerint. Főzzük, amíg a rizs megpuhul, 20 percig, alkalmanként megkeverve. Forrón vagy melegen tálaljuk.

Tészta és bab Milan

Tészta és Fagioli alla Milanese

8 adagot készít

Ehhez a leveshez általában a megmaradt friss tésztatörmeléket, az úgynevezett maltagliatit ("miscut") használják, vagy használhatunk falatnyi darabokra vágott friss fettuccine-t.

2 evőkanál sótlan vaj

2 evőkanál olívaolaj

6 friss zsályalevél

1 evőkanál apróra vágott friss rozmaring

4 apróra vágott sárgarépa

4 zeller tarja, apróra vágva

3 közepesen forráspontú burgonya apróra vágva

2 apróra vágott hagyma

4 paradicsom meghámozva, kimagozva és apróra vágva, vagy 2 csésze apróra vágott konzerv paradicsom

1 font (kb. 2 csésze) szárított áfonya vagy cannellini bab (lásd<u>Country stílusú bab</u>) vagy 4 db 16 unciás doboz

Körülbelül 8 házi készítésű csésze<u>Húsleves</u>vagy fele bolti hús- vagy zöldségleves és fél víz keveréke

Só és frissen őrölt fekete bors

8 uncia friss maltagliati vagy friss fettuccine, 1 hüvelykes darabokra vágva

Extra szűz olívaolaj

1. Egy nagy lábosban közepes lángon olvasszuk fel a vajat az olajjal. Adjuk hozzá a zsályát és a rozmaringot. Adjunk hozzá sárgarépát, zellert, burgonyát és hagymát. Főzzük gyakran kevergetve, amíg megpuhul, körülbelül 10 percig.

2. Hozzáadjuk a paradicsomot és a babot. Adjunk hozzá húslevest és ízlés szerint sózzuk, borsozzuk. Forraljuk fel a keveréket. Pároljuk, amíg az összes hozzávaló nagyon megpuhul, körülbelül 1 óra.

3. Vegyük ki a leves felét az edényből, és keverjük át egy darálón, vagy turmixgépben pürésítsük. A pürét öntsük vissza az edénybe. Jól elkeverjük és hozzáadjuk a tésztát. Forraljuk fel a levest, majd kapcsoljuk le a tüzet.

4. Tálalás előtt hagyjuk kicsit kihűlni a levest. Forrón, egy csepp extra szűz olívaolajjal és egy bőséges őrölt borssal tálaljuk.

Lencse és édeskömény leves

Zuppa di Lenticchie és Finocchio

8 adagot készít

A lencse az egyik legrégebbi hüvelyes. Lehet barna, zöld, piros vagy fekete, de Olaszországban a legfinomabb lencse az umbriai Castelluccio apró zöldje. A babbal ellentétben a lencsét nem kell beáztatni főzés előtt.

Az édeskömény tollas hegyét őrizzük meg a leves díszítésére.

1 font barna vagy zöld lencse, leszedve és leöblítve

2 közepes hagyma, apróra vágva

2 apróra vágott sárgarépa

1 közepes forrásban lévő burgonya, meghámozva és apróra vágva

1 csésze apróra vágott édeskömény

1 csésze friss vagy konzerv paradicsom apróra vágva

¹1/4 csésze olívaolaj

Só és frissen őrölt fekete bors

1 csésze tubetti, ditalini vagy kis kagyló

Csésze friss édeskömény, opcionális

Extra szűz olívaolaj

1. Egy nagy lábasban keverje össze a lencsét, a hagymát, a sárgarépát, a burgonyát és az édesköményt. Adjunk hozzá hideg vizet, hogy 1 hüvelykkel ellepje. Forraljuk fel a folyadékot, és forraljuk 30 percig.

2. Adjuk hozzá a paradicsomot és az olívaolajat. Sózzuk, borsozzuk ízlés szerint. Addig főzzük, amíg a lencse megpuhul, még körülbelül 20 percig. Adjunk hozzá egy kevés vizet, ha szükséges, hogy a lencsét ellepje a folyadék.

3. Adjuk hozzá a tésztát és főzzük, amíg a tészta megpuhul, még 15 percig. Kóstoljuk meg és állítsuk be a fűszerezést. Díszítsük apróra vágott édeskömény tetejével, ha van. Forrón vagy melegen, egy csepp extra szűz olívaolajjal tálaljuk.

Spenót-, lencse- és rizsleves

Minestra di Lenticchie e Spinaci

8 adagot készít

Kevesebb víz hozzáadásával és a rizs elhagyásával ez a leves grillezett hal vagy sertésfilék köretévé válik. A spenót helyett eszkarol, kelkáposzta, káposzta, mángold vagy más leveles zöldek használhatók.

1 kiló lencse, leszedve és leöblítve

6 csésze víz

3 nagy gerezd fokhagyma, darálva

1/4 csésze extra szűz olívaolaj

8 uncia spenót, kiszárítva és apró darabokra vágva

Só és frissen őrölt fekete bors

1 csésze főtt rizs

1. Egy nagy lábasban keverjük össze a lencsét, a vizet, a fokhagymát és az olajat. Forraljuk fel, és lassú tűzön főzzük 40

percig. Adjunk hozzá egy kevés vizet, ha szükséges, hogy a lencse ellepje.

2.Adjunk hozzá spenótot és sózzuk, borsozzuk ízlés szerint. Addig főzzük, amíg a lencse megpuhul, még körülbelül 10 percig.

3.Adjuk hozzá a rizst, és főzzük, amíg át nem melegszik. Forrón, extra szűz olívaolajjal tálaljuk.

Lencse- és zöldségleves

Minestra di Lenticchie e Verdura

6 adagot készít

Főzés előtt nézze meg a lencsét, hogy eltávolítsa az apró köveket vagy törmeléket. Egy kiadósabb leveshez adjunk hozzá egy-két csésze főtt ditalinit vagy tört spagettit.

¹1/4 csésze olívaolaj

1 közepes vöröshagyma apróra vágva

1 zeller tarja, apróra vágva

1 közepes sárgarépa, apróra vágva

2 gerezd fokhagyma apróra vágva

1/2 csésze apróra vágott konzerv olasz paradicsom

8 uncia lencse (körülbelül 1 csésze), összegyűjtve és leöblítve

Só és frissen őrölt fekete bors

1 kiló endívia, spenót vagy más leveles zöldek, vágva és apró darabokra vágva

½ csésze frissen reszelt Pecorino Romano vagy Parmigiano-Reggiano

1. Öntsük az olajat egy nagy fazékba. Adjuk hozzá a hagymát, a zellert, a sárgarépát és a fokhagymát, és főzzük közepes lángon 10 percig, vagy amíg a zöldségek megpuhulnak és aranybarnák lesznek. Adjuk hozzá a paradicsomot, és főzzük további 5 percig.

2. Adjuk hozzá a lencsét, sózzuk, borsozzuk és 4 csésze vizet. Forraljuk fel a levest, és főzzük 45 percig, vagy amíg a lencse megpuhul.

3. Hozzáadjuk a zöldségeket. Fedjük le és főzzük 10 percig, vagy amíg a zöldségek megpuhulnak. Szeretek fűszerezni.

4. Közvetlenül tálalás előtt adjuk hozzá a sajtot. Forrón tálaljuk.

Püresített lencseleves krutonnal

Purea di Lenticchie

6-8 adagot tesz ki

Ropogós kenyérszeletek borítják ezt a sima umbriai lencsepürét. A nagyobb íz érdekében dörzsölje át a krutonokat egy nyers fokhagymagerezddel, amíg még forró.

1 kiló lencse, leszedve és leöblítve

1 zeller tarja, apróra vágva

1 apróra vágott sárgarépa

1 nagy hagyma apróra vágva

1 nagy forrásban lévő burgonya, apróra vágva

2 evőkanál paradicsompüré

Só és frissen őrölt fekete bors

2 evőkanál extra szűz olívaolaj, plusz még a tálaláshoz

8 szelet olasz vagy francia kenyér

1. Helyezze a lencsét, a zöldségeket és a paradicsompürét egy nagy edénybe. Adjunk hozzá hideg vizet, hogy 2 cm-re ellepje. Forraljuk fel. 20 percig főzzük. Adjon hozzá ízlés szerint sót, és ha szükséges, még több vizet adjon hozzá, hogy az összetevőket ellepje. Főzzük még 20 percig, vagy amíg a lencse nagyon puha nem lesz.

2. Az edény tartalmát csepegtessük le, a folyadékot tartalékoljuk. Tegye a lencsét és a zöldségeket egy robotgépbe vagy turmixgépbe, és ha szükséges, adagokban pürésítse simára. A lencsét visszaöntjük az edénybe. Ízlés szerint sózzuk, borsozzuk. Óvatosan melegítse újra, ha szükséges, adjon hozzá egy kevés főzőfolyadékot.

3. Egy nagy serpenyőben közepes lángon felforrósítjuk a 2 evőkanál olívaolajat. Adja hozzá a kenyeret egy rétegben. 3-4 percig pirítjuk és aranybarnára sütjük az alját. Fordítsa meg a kenyérdarabokat, és pirítsa további 3 percig.

4. Vegyük le a levest a tűzről. Tálkákba öntjük. Minden tál tetejére egy szelet pirított kenyeret teszünk. Forrón, olívaolajjal tálaljuk.

Puglia csicseriborsó leves

Minestra di Ceci

6 adagot készít

Pugliában ezt a sűrű levest rövid, lagánként ismert friss tésztacsíkokból készítik. A 3 hüvelykes csíkokra vágott friss fettuccine helyettesíthető, akárcsak a kis szárított tésztaformák vagy a törött spagetti. Húsleves helyett szardella ízesítésére szolgálnak, főzőfolyadékként vízzel. A szardella beleolvad a levesbe, és sok karaktert ad anélkül, hogy nyilvánvaló lenne.

⅓ csésze olívaolaj

3 gerezd fokhagyma, enyhén összetörve

2 db 2 hüvelykes ág friss rozmaring

4 apróra vágott szardella filé

3½ csésze főtt csicseriborsó vagy 2 db 16 unciás konzerv, lecsepegtetett és fenntartott folyadék

4 uncia friss fettuccine, 3 hüvelykes darabokra vágva

frissen őrölt fekete bors

1. Öntsük az olajat egy nagy fazékba. Adjuk hozzá a fokhagymát és a rozmaringot, és közepes lángon főzzük, miközben a fokhagymagerezdeket egy nagy kanál hátával megnyomjuk, amíg a fokhagyma aranybarna nem lesz, körülbelül 2 percig. Távolítsa el és dobja ki a fokhagymát és a rozmaringot. Hozzáadjuk a szardellafilét, és kevergetve főzzük, amíg a szardella fel nem oldódik, körülbelül 3 percig.

2. Adjuk hozzá a csicseriborsót az edényhez, és jól keverjük össze. A csicseriborsó felét kanál vagy burgonyanyomóval pépesítjük. Adjunk hozzá annyi vizet vagy csicseriborsó főzőfolyadékot, hogy ellepje a csicseriborsót. Forraljuk fel a folyadékot.

3. Adjuk hozzá a pasztát. Ízlés szerint fűszerezzük egy bőséges őrölt fekete borssal. Addig főzzük, amíg a tészta puha, de harapnivaló szilárd nem lesz. Vedd le a tűzről és hagyd pihenni 5 percig. Forrón, extra szűz olívaolajjal tálaljuk.

Csicseriborsó és tészta leves

Minestra di Ceci

6-8 adagot tesz ki

A közép-olaszországi Marche régióban ezt a levest néha quadruccival, azaz kis négyzet alakú friss tojásos tésztával készítik. A quadrucci elkészítéséhez vágja a friss fettuccine-t rövid darabokra, hogy kis négyzeteket formázzon. Mindenki csepegtesse meg a levesét egy kis extra szűz olívaolajjal.

A hüvelyesek közül szerintem a csicseriborsót a legnehezebb főzni. Néha sokkal tovább tart, amíg gyengédekké válnak, mint amire számítottam. Ezt a levest érdemes előre elkészíteni a 2. lépésig, majd felmelegíteni és tálaláskor befejezni, hogy a csicseriborsónak elegendő ideje legyen megpuhulni.

1 font szárított csicseriborsó, egy éjszakán át áztatva (lásd <u>Country stílusú bab</u>)

1 1/4 csésze olívaolaj

1 közepes vöröshagyma apróra vágva

2 zeller tarja, apróra vágva

2 csésze paradicsomkonzerv, apróra vágva

Só

8 uncia ditalini vagy könyökök vagy kis kagylók

frissen őrölt fekete bors

Extra szűz olívaolaj

1. Öntsük az olajat egy nagy fazékba. Adjuk hozzá a hagymát és a zellert, és gyakori kevergetés mellett főzzük közepes lángon 10 percig, vagy amíg a zöldségek megpuhulnak és aranybarnák lesznek. Adjuk hozzá a paradicsomot, és forraljuk fel. Főzzük még 10 percig.

2. A csicseriborsót lecsepegtetjük, és az edénybe tesszük. Adjunk hozzá 1 teáskanál sót és hideg vizet, hogy 1 hüvelykkel ellepje. Forraljuk fel. Főzzük 1 1/2-2 órán át, vagy amíg a csicseriborsó nagyon puha nem lesz. Ha szükséges, adjunk hozzá vizet, hogy a csicseriborsó ellepje.

3. Körülbelül 20 perccel a csicseriborsó megfőzése előtt forraljunk fel egy nagy fazék vizet. Sózzuk, majd a tésztát. Addig főzzük, amíg a tészta megpuhul. Lecsöpögtetjük és a leveshez adjuk. Ízlés szerint sózzuk, borsozzuk. Forrón, extra szűz olívaolajjal tálaljuk.

Ligur csicseriborsó- és vargányaleves

Tészta és Ceci Porcinival

4 adagot készít

Ez az én verzióm egy Liguriában készült levesről. Egyes szakácsok mángold nélkül csinálják, míg mások kardánt is beletesznek az alapanyagok közé.

1 1/2 uncia szárított vargánya

1 csésze langyos víz

1 1/4 csésze olívaolaj

2 uncia apróra vágott szalonna

1 közepes hagyma, apróra vágva

1 közepes sárgarépa, apróra vágva

1 közepes zeller borda, apróra vágva

1 gerezd fokhagyma finomra vágva

3 csésze főtt, szárított vagy lecsepegtetett konzerv csicseriborsó

8 uncia svájci mángold, keresztben keskeny csíkokra vágva

1 közepes forrásban lévő burgonya, meghámozva és apróra vágva

1 csésze hámozott, kimagozott és felkockázott friss vagy konzerv paradicsom

Só és frissen őrölt fekete bors

1 csésze ditalini, tubetti vagy más kis tészta

1. Áztassa a gombát a vízben 30 percig. Távolítsa el őket, és tartsa le a folyadékot. Öblítse le a gombát hideg folyó víz alatt, hogy eltávolítsa a homokot. Vágja őket nagy darabokra. A folyadékot papír kávészűrőn keresztül egy edénybe szűrjük.

2. Öntsük az olajat egy nagy fazékba. Adjuk hozzá a szalonnát, a hagymát, a sárgarépát, a zellert és a fokhagymát. Főzzük, gyakran kevergetve, közepes lángon, amíg a hagyma és a többi aromás aranybarna nem lesz, körülbelül 10 percig.

3. Hozzáadjuk a csicseriborsót, a mángoldot, a burgonyát, a paradicsomot és a gombát a folyadékkal. Felöntjük vízzel, hogy ellepje a hozzávalókat, és ízlés szerint sózzuk, borsozzuk. Forraljuk fel, és főzzük, amíg a zöldségek megpuhulnak, és a leves besűrűsödik, körülbelül 1 óra alatt. Adjunk hozzá vizet, ha a leves túl sűrű lesz.

4. Adjuk hozzá a tésztát és még 2 csésze vizet. Főzzük gyakran kevergetve körülbelül 15 percig, vagy amíg a tészta megpuhul. Tálalás előtt hagyjuk kissé kihűlni.

Toszkán kenyér és zöldségleves

ribollit

8 adagot készít

Egy nyáron Toszkánában bárhová felszolgáltak ezzel a levest, néha naponta kétszer. Sosem fáradtam bele, mert minden szakács saját alapanyag-kombinációt használt, és mindig jó volt. Valójában ez két recept egyben. Az első egy vegyes zöldségleves. Másnap a maradékot felmelegítjük, és a napos kenyérrel összekeverjük. Az újramelegítés adja a leves olasz nevét, ami főtt jelent. Általában ezt reggel teszik meg, és a levest állni hagyják ebédig. A Ribollitát általában melegen vagy szobahőmérsékleten szolgálják fel, soha nem párolják.

Ügyeljen arra, hogy jó minőségű rágós olasz vagy rusztikus kenyeret használjon a megfelelő állag eléréséhez.

4 házi készítésű pohárCsirkehúslevesbármelyikHúslevesvagy félig bolti húsleves és fél víz keveréke

¹1/4 csésze olívaolaj

2 bébi zeller tarja apróra vágva

2 közepes sárgarépa, apróra vágva

2 gerezd fokhagyma apróra vágva

1 kisebb vöröshagyma apróra vágva

1 1/4 csésze apróra vágott friss petrezselyem

1 evőkanál apróra vágott friss zsálya

1 evőkanál apróra vágott friss rozmaring

1 1/2 font friss hámozott, kimagozott és kockára vágott paradicsom vagy 1 1/2 csésze konzerv olasz hámozott paradicsom levével, felkockázva

3 csésze főtt, szárított vagy konzerv cannellini bab, lecsepegtetve

2 közepes főtt burgonya, meghámozva és felkockázva

2 közepes cukkini, apróra vágva

1 font káposzta vagy kelkáposzta, vékonyra szeletelve (kb. 4 csésze)

8 uncia zöldbab, vágva és apró darabokra vágva

Só és frissen őrölt bors ízlés szerint.

Körülbelül 8 uncia napos olasz kenyér, vékonyra szeletelve

Extra szűz olívaolaj

Nagyon vékony szelet lilahagyma (elhagyható)

1. Ha szükséges, elkészítjük a húslevest. Ezután öntsük az olívaolajat egy nagy edénybe. Adjunk hozzá zellert, sárgarépát, fokhagymát, hagymát és fűszernövényeket. Főzzük, gyakran kevergetve, közepes lángon, amíg a zeller és a többi aromás megpuhul és aranybarna lesz, körülbelül 20 percig. Adjuk hozzá a paradicsomot és főzzük 10 percig.

2. Adjuk hozzá a babot, a többi zöldséget, és ízlés szerint sózzuk, borsozzuk. Adjunk hozzá húslevest és vizet, hogy ellepje. Forraljuk fel. Lassú tűzön pároljuk, amíg a zöldségek megpuhulnak, körülbelül 2 órán keresztül. Hagyja kicsit kihűlni, majd ha nem használja azonnal, egy éjszakán át vagy legfeljebb 2 napig tárolja a hűtőszekrényben.

3. Tálaláskor öntsön körülbelül 4 csésze levest egy turmixgépbe vagy konyhai robotgépbe. A levest pürésítjük, majd a maradék levessel együtt egy edénybe tesszük. Óvatosan melegítse újra.

4. Válasszon egy elég nagy edényt vagy edényt a kenyér és a leves tárolására. Az aljára helyezzünk egy réteg kenyérszeletet. Felöntjük annyi levessel, hogy teljesen ellepje a kenyeret. Addig ismételje a rétegezést, amíg az összes levest el nem használja, és a kenyér átázott. Hagyja állni legalább 20 percig. Nagyon vastagnak kell lennie.

5. Keverje össze a levest, hogy a kenyér széttörjön. Meglocsoljuk extra szűz olívaolajjal, és megszórjuk a lilahagymával. Melegen vagy szobahőmérsékleten tálaljuk.

Téli squash leves

zuppa di zucca

4 adagot készít

A fruttivendolóban, a zöldség-gyümölcs piacon az olasz szakácsok nagy tökdarabokat és egyéb téli tököt vásárolhatnak, hogy elkészíthessék ezt a finom levest. Általában vaj- vagy makktököt használok. A Peperoncino nevű őrölt pirospaprika váratlan fűszerességet ad.

4 házi készítésű pohár<u>Csirkehúsleves</u>vagy félig bolti húsleves és fél víz keveréke

2 kiló téli squash, például vajdió vagy makk

1/2 csésze olívaolaj

2 gerezd fokhagyma apróra vágva

Csipet őrölt pirospaprika

Só

1/4 csésze apróra vágott friss petrezselyem

1. Ha szükséges, elkészítjük a húslevest. Ezután hámozzuk meg a sütőtököt és távolítsuk el a magokat. 1 hüvelykes darabokra vágjuk.

2. Öntsük az olajat egy nagy fazékba. Adjuk hozzá a fokhagymát és a zúzott pirospaprikát. Főzzük, gyakran kevergetve, közepes lángon, amíg a fokhagyma enyhén megpirul, körülbelül 2 percig. Adjuk hozzá a sütőtököt és ízlés szerint sózzuk.

3. Adjunk hozzá húslevest, és forraljuk fel. Fedjük le és főzzük 35 percig, vagy amíg a tök nagyon puha nem lesz.

4. Egy lyukas kanál segítségével tegyük át a tököt aprítógépbe vagy turmixgépbe, és pürésítsük simára. A pürét visszatesszük az edénybe a húslevessel. Forraljuk fel a levest, és főzzük 5 percig. Adjunk hozzá egy kevés vizet, ha a leves túl sűrű.

5. Sózzuk ízlés szerint. Adjuk hozzá a petrezselymet. Forrón tálaljuk.

Leves "főtt víz"

Aquacotta

6 adagot készít

Csak néhány zöldségre, tojásra és maradék kenyérre van szükség ahhoz, hogy elkészítsük ezt az ízletes toszkán levest, ezért az olaszok tréfásan "forralt víznek" hívják. Használja a rendelkezésre álló gombát.

1/4 csésze olívaolaj

2 zeller tarja, vékonyra szeletelve

2 gerezd darált fokhagyma

1 font válogatott gomba, például gomba, shiitake és cremini gomba, vágva és szeletelve

1 font friss szilvaparadicsom, meghámozva, kimagozva és apróra vágva, vagy 2 csésze konzerv paradicsom

Csipet őrölt pirospaprika

6 tojás

6 szelet pirított olasz vagy francia kenyér

4-6 evőkanál frissen reszelt pecorino sajt

1. Öntsük az olajat egy közepes serpenyőbe. Adjuk hozzá a zellert és a fokhagymát. Gyakori kevergetés mellett főzzük közepes lángon, amíg megpuhul, körülbelül 5 percig.

2. Hozzáadjuk a gombát, és időnként megkeverve addig főzzük, amíg a gomba leve el nem párolog. Adjuk hozzá a paradicsomot és a törött pirospaprikát, és főzzük 20 percig.

3. Adjunk hozzá 4 csésze vizet és sót ízlés szerint. Forraljuk fel. Főzzük még 20 percig.

4. Közvetlenül tálalás előtt törje fel az egyik tojást egy csészébe. Óvatosan csúsztassa a tojást a forró levesbe. Ismételje meg a többi tojással. Fedjük le, és nagyon alacsony lángon főzzük 3 percig, vagy amíg a tojás ízlés szerint meg nem fő.

5. Helyezzen egy-egy szelet pirított kenyeret minden tálba. A tetejére óvatosan egy tojást öntünk, és beleöntjük a forró levest. Megszórjuk a sajttal és azonnal tálaljuk.

Cukkini pesto leves

Zuppa di Zucchine al Pesto

4-6 adagot tesz ki

A pesto aromája a forró leveshez keverve ellenállhatatlan.

2 házi készítésű pohár<u>Csirkehúsleves</u>vagy félig bolti húsleves és fél víz keveréke

3 evőkanál olívaolaj

2 közepes hagyma, apróra vágva

4 kis cukkini (körülbelül 1 1/4 font), megmosva és apróra vágva

3 közepes főtt burgonya, meghámozva és apróra vágva

Só és frissen őrölt fekete bors ízlés szerint.

1 csésze törött spagetti

pesto

2-3 nagy gerezd fokhagyma

1/2 csésze friss bazsalikom

¹1/4 csésze friss olasz lapos petrezselyem

½ csésze reszelt Parmigiano-Reggiano, plusz még a szóráshoz

2-3 evőkanál extra szűz olívaolaj

Só és frissen őrölt fekete bors

1. Ha szükséges, elkészítjük a húslevest. Ezután öntse az olajat egy közepes serpenyőbe. Adjuk hozzá a hagymát. Gyakori kevergetés mellett főzzük közepes lángon, amíg a hagyma megpuhul és aranybarna lesz, körülbelül 10 percig. Adjuk hozzá a cukkinit és a burgonyát, és időnként megkeverve főzzük 10 percig. Adjuk hozzá a csirkelevest és 4 csésze vizet. Forraljuk fel a folyadékot, és főzzük 30 percig. Sózzuk, borsozzuk ízlés szerint.

2. Adjuk hozzá a pasztát. Pároljuk még 15 percig.

3. A pesto elkészítése: A fokhagymát, a bazsalikomot és a petrezselymet robotgépben nagyon finomra aprítjuk. Hozzáadjuk a sajtot, és fokozatosan meglocsoljuk az olívaolajjal, amíg sűrű masszát nem kapunk. Ízlés szerint sózzuk, borsozzuk.

4. Tegye át a pestót egy közepes tálba; Habverővel adjunk hozzá körülbelül 1 csésze forró levest a pestohoz. Az edényben elkeverjük a keveréket a maradék levessel. 5 percig állni

hagyjuk. Kóstoljuk meg és állítsuk be a fűszerezést. További sajttal tálaljuk.

Póréhagyma, paradicsom és kenyérleves

Pappa al Pomodoro

4 adagot készít

A toszkánok sok levest esznek, és tészta vagy rizs helyett kenyérrel készítik. Ez a kedvenc kora ősszel, amikor rengeteg érett paradicsom és friss póréhagyma van a környéken. Télen is jó, paradicsomkonzervvel készítve.

6 házi készítésű pohár<u>Csirkehúsleves</u>vagy félig bolti húsleves és fél víz keveréke

3 evőkanál olívaolaj, plusz még a csepegtetéshez

2 közepes póréhagyma

3 nagy gerezd fokhagyma

Csipet őrölt pirospaprika

2 csésze hámozott, kimagozott és felkockázott friss paradicsom, vagy konzerv paradicsom

Só

½ vekni napos olasz teljes kiőrlésű kenyér, 1 hüvelykes kockákra vágva (kb. 4 csésze)

1/2 csésze apróra vágott friss bazsalikom

Extra szűz olívaolaj

1. Ha szükséges, elkészítjük a húslevest. Ezután vágja le a póréhagyma gyökereit és sötétzöld részét. A póréhagymát hosszában félbevágjuk, és hideg folyóvíz alatt jól leöblítjük. Jól aprítsuk fel.

2. Öntsük az olajat egy nagy fazékba. Adjuk hozzá a póréhagymát, és gyakori kevergetés mellett főzzük közepes-alacsony lángon, amíg megpuhul, körülbelül 5 percig. Adjuk hozzá a fokhagymát és a zúzott pirospaprikát.

3. Adjuk hozzá a paradicsomot és a húslevest, és forraljuk fel. 15 percig főzzük, időnként megkeverve. Sózzuk ízlés szerint.

4. Adjuk hozzá a kenyeret a leveshez, és időnként megkeverve főzzük 20 percig. A levesnek sűrűnek kell lennie. Adjon hozzá még kenyeret, ha szükséges.

5. Levesszük a tűzről. Hozzáadjuk a bazsalikomot, és 10 percig pihentetjük. Forrón, extra szűz olívaolajjal tálaljuk.

Cukkini és paradicsomleves

Zuppa di Zucchine és Pomodori

6 adagot készít

Bár a kis cukkini jobban ízlik, a nagyobb zöldségek is jók ebben a levesben, mert vizessége és íztelensége nem minden más ízes hozzávalónál jelentkezik.

5 házi készítésű pohár<u>Csirkehúsleves</u>vagy félig bolti húsleves és fél víz keveréke

3 evőkanál olívaolaj

1 közepes hagyma, apróra vágva

1 gerezd darált fokhagyma

1 teáskanál apróra vágott friss rozmaring

1 teáskanál apróra vágott friss zsálya

1 1/2 csésze hámozott, kimagozott és felkockázott paradicsom

1 1/2 kiló cukkini, apróra vágva

Só és frissen őrölt fekete bors

3 csésze napos olasz vagy francia kenyérkocka

Frissen reszelt Parmigiano-Reggiano

1. Ha szükséges, elkészítjük a húslevest. Ezután öntsük az olajat egy nagy edénybe. Adjuk hozzá a hagymát, a fokhagymát, a rozmaringot és a zsályát. Főzzük közepes lángon, gyakran kevergetve, amíg a hagyma aranybarna nem lesz, körülbelül 10 percig.

2. Adjuk hozzá a paradicsomot és jól keverjük össze. Adjunk hozzá húslevest, és forraljuk fel. Adjuk hozzá a cukkinit, és főzzük 30 percig, vagy amíg megpuhul. Ízlés szerint sózzuk, borsozzuk.

3. Adjuk hozzá a kenyérkockákat. Főzzük, amíg a kenyér megpuhul, körülbelül 10 percig. Tálalás előtt még 10 percig állni hagyjuk. Reszelt Parmigiano-Reggiano-val tálaljuk.

Cukkini és burgonya leves

Minestra di Zucchine e Patate

4 adagot készít

Ez a leves jellemző arra, amit nyáron felszolgálnak a délolaszországi otthonokban. Nyugodtan cserélje ki, mint egy olasz szakács tenné, cserélje ki a cukkinit egy másik zöldségre, például zöldbabra, paradicsomra vagy spenótra, és cserélje ki bazsalikomot vagy mentát a petrezselyem helyett.

6 házi készítésű pohár<u>Csirkehúsleves</u>vagy félig bolti húsleves és fél víz keveréke

2 evőkanál olívaolaj

1 közepes hagyma, apróra vágva

1 font forrásban lévő burgonya (kb. 3 közepes), meghámozva és apróra vágva

1 kiló cukkini (kb. 4 kicsi), meghámozzuk és felaprítjuk

Só és frissen őrölt fekete bors

2 evőkanál apróra vágott lapos petrezselyem

Frissen reszelt Parmigiano-Reggiano vagy Pecorino Romano

1.Ha szükséges, elkészítjük a húslevest. Ezután öntse az olajat egy közepes serpenyőbe. Hozzáadjuk a hagymát, és gyakran kevergetve közepes lángon puhára és aranybarnára sütjük, körülbelül 10 perc alatt.

2.Adjuk hozzá a burgonyát és a cukkinit. Adjunk hozzá húslevest és ízlés szerint sózzuk, borsozzuk. Forraljuk fel, és főzzük, amíg a zöldségek megpuhulnak, körülbelül 30 percig.

3.Sózzuk, borsozzuk ízlés szerint. Adjuk hozzá a petrezselymet. Reszelt sajttal tálaljuk.

Krémes édeskömény leves

Zuppa di Finocchio

6 adagot készít

A burgonya és az édeskömény affinitást mutat egymáshoz. Ezt a levest apróra vágott édesköménylevéllel és egy csepp extra szűz olívaolajjal díszítve tálaljuk.

6 házi készítésű pohár<u>Csirkehúsleves</u>vagy félig bolti húsleves és fél víz keveréke

2 nagy póréhagyma, feldarabolva

3 közepes édesköményhagyma (kb. 2 1/2 font)

2 evőkanál sótlan vaj

1 evőkanál olívaolaj

5 főtt burgonya, meghámozva és felszeletelve

Só és frissen őrölt fekete bors

Extra szűz olívaolaj

1. Ha szükséges, elkészítjük a húslevest. Ezután vágja félbe a póréhagymát hosszában, és alaposan öblítse le, hogy eltávolítsa a homoknyomokat a rétegek között. Vágjuk nagy darabokra.

2. Vágja le az édeskömény szárát a hagymák magasságára, a tollas zöld levelek egy részét a díszítéshez tartsa fenn. Vágja le az alapot és a barna foltokat. Vágja a hagymákat vékony szeletekre.

3. Egy nagy lábosban közepes lángon olvasszuk fel a vajat az olajjal. Adjuk hozzá a póréhagymát, és főzzük puhára, körülbelül 10 percig. Adjuk hozzá az édeskömény, a burgonyát, a húslevest, és ízlés szerint sózzuk, borsozzuk. Forraljuk fel, és főzzük, amíg a zöldségek nagyon megpuhulnak, körülbelül 1 óra alatt.

4. Egy hasított kanál segítségével tegyük át a zöldségeket aprítógépbe vagy turmixgépbe. Eldolgozzuk vagy turmixoljuk simára.

5. Tegye vissza a zöldségeket az edénybe, és óvatosan melegítse fel. Leveses tálakba öntjük, megszórjuk a fenntartott édesköménykalapokkal, és meglocsoljuk olívaolajjal. Forrón tálaljuk.

Gomba- és burgonyaleves

Minestra di Funghi e Patate

6 adagot készít

Íme egy újabb leves Friuli-Venezia Giuliából, a kiváló gombájáról híres régióból. Friss vargányát használnának ott, de mivel nehéz megtalálni, vad és termesztett gombák keverékével helyettesítem. Sűrítőként burgonyát és árpát is adunk hozzá.

8 házi készítésű pohár<u>Húsleves</u>vagy félig bolti húsleves és fél víz keveréke

2 evőkanál olívaolaj

2 dkg szeletelt bacon, finomra vágva

1 közepes hagyma, apróra vágva

2 zeller tarja apróra vágva

1 font válogatott gomba, például fehér, cremini és portabello

4 evőkanál apróra vágott friss petrezselyem

2 gerezd fokhagyma apróra vágva

3 közepes főtt burgonya, meghámozva és apróra vágva

Só és frissen őrölt fekete bors

1/2 csésze gyöngy árpa

1. Ha szükséges, elkészítjük a húslevest. Öntsük az olajat egy nagy fazékba. Adjuk hozzá a szalonnát. Közepes lángon, gyakran kevergetve, aranybarnára sütjük, körülbelül 10 perc alatt. Adjuk hozzá a hagymát és a zellert, és főzzük, időnként megkeverve, amíg megpuhul, körülbelül 5 percig.

2. Adjuk hozzá a gombát, 2 evőkanál petrezselymet és a fokhagymát. Főzzük, gyakran kevergetve, amíg a gombák leve elpárolog, körülbelül 10 percig.

3. Adjuk hozzá a burgonyát, sózzuk, borsozzuk. Adjunk hozzá húslevest, és forraljuk fel. Adjuk hozzá az árpát, és fedő nélkül főzzük alacsony lángon 1 órán át, vagy amíg az árpa megpuhul és a leves besűrűsödik.

4. Megszórjuk a maradék petrezselyemmel, és forrón tálaljuk.

Karfiol krém

Vellutata di Cavolfiore

6 adagot készít

Elegáns leves egy különleges vacsora elején. Ha van egy kis szarvasgombás olajunk vagy pasztánk, próbáljunk meg közvetlenül tálalás előtt hozzáadni a leveshez, a sajtot elhagyva.

1 közepes karfiol, vágva és 1 hüvelykes virágokra vágva

Só

3 evőkanál sótlan vaj

1 1/4 csésze univerzális liszt

Körülbelül 2 csésze tej

frissen reszelt szerecsendió

1 1/2 csésze nehéz tejszín

1/4 csésze frissen reszelt Parmigiano-Reggiano

1. Forraljunk fel egy nagy fazék vizet. Adjuk hozzá a karfiolt és ízlés szerint sózzuk. Főzzük, amíg a karfiol nagyon puha nem lesz, körülbelül 10 percig. Jól lecsepegtetjük.

2. Egy közepes lábosban olvasszuk fel a vajat közepes lángon. Adjuk hozzá a lisztet és keverjük jól 2 percig. Nagyon lassan adjunk hozzá 2 csésze tejet és ízlés szerint sót. Forraljuk fel és főzzük 1 percig folyamatos keverés mellett, amíg besűrűsödik és sima nem lesz. Levesszük a tűzről. Adjuk hozzá a szerecsendiót és a tejszínt.

3. Tegye át a karfiolt aprítógépbe vagy turmixgépbe. Püresítjük, ha szükséges, adjunk hozzá egy kis szószt, hogy a püré sima legyen. Tegye át a pürét a serpenyőbe a maradék szósszal. Jól keverjük össze. Óvatosan melegítsük fel, ha szükséges, adjunk hozzá még tejet, hogy sűrű levest kapjunk.

4. Levesszük a tűzről. Kóstoljuk meg és állítsuk be a fűszerezést. Adjuk hozzá a sajtot és tálaljuk.

Szicíliai paradicsom- és árpaleves

Minestra d'Orzo alla Siciliana

4-6 adagot tesz ki

A szicíliaiak a sajt reszelése helyett gyakran finomra vágott sajttal szolgálnak fel levest. Soha nem olvad bele teljesen a levesbe, és minden falatnál érezni lehet egy kis sajtot.

8 házi készítésű pohár<u>Csirkehúsleves</u>bármelyik<u>Húsleves</u>vagy félig bolti húsleves és fél víz keveréke

8 uncia gyöngy árpa, leszedve és leöblítve

2 közepes paradicsom meghámozva, kimagozva és apróra vágva, vagy 1 csésze apróra vágott konzerv paradicsom

1 tarja zeller apróra vágva

1 közepes hagyma, apróra vágva

Só és frissen őrölt fekete bors

1 csésze kockára vágott Pecorino Romano

1. Ha szükséges, elkészítjük a húslevest. Egy nagy fazékban keverje össze a húslevest, az árpát és a zöldségeket, és forralja fel.

Főzzük, amíg az árpa megpuhul, körülbelül 1 óra. Adjunk hozzá vizet, ha a leves túl sűrű lesz.

2. Ízlés szerint sózzuk, borsozzuk. A levest tálakba öntjük, a tetején megkenjük a sajtot.

pirospaprika leves

Zuppa di Peperoni Rossi

6 adagot készít

Ennek a levesnek az élénk piros-narancssárga színe vonzó és illeszkedő jelzés a finom és frissítő ízhez. Egy leves ihlette, amit az Il Cibreóban, egy népszerű firenzei trattoriában próbáltam ki. Én meleg focacciával szeretem tálalni.

6 házi készítésű pohár<u>Csirkehúsleves</u>vagy félig bolti húsleves és fél víz keveréke

2 evőkanál olívaolaj

1 közepes vöröshagyma apróra vágva

1 zeller tarja, apróra vágva

1 apróra vágott sárgarépa

5 nagy piros kaliforniai paprika kimagozva és apróra vágva

5 közepes főtt burgonya, meghámozva és apróra vágva

2 paradicsom kimagozva és apróra vágva

Só és frissen őrölt fekete bors

1 csésze tej

Frissen reszelt Parmigiano-Reggiano

1. Ha szükséges, elkészítjük a húslevest. Ezután öntsük az olajat egy nagy edénybe. Adjuk hozzá a hagymát, a zellert és a sárgarépát. Főzzük, gyakran kevergetve, közepes lángon, amíg a zöldségek megpuhulnak és aranybarnák lesznek, körülbelül 10 percig.

2. Adjuk hozzá a paprikát, a burgonyát és a paradicsomot, és jól keverjük össze. Adjunk hozzá húslevest, és forraljuk fel. Csökkentse a hőt, és főzze 30 percig, vagy amíg a zöldségek nagyon megpuhulnak.

3. Egy hasított kanál segítségével tegyük át a zöldségeket aprítógépbe vagy turmixgépbe. Püresítsd simára.

4. Öntsük a zöldségpürét az edénybe. A levest lassú tűzön felmelegítjük és hozzáadjuk a tejet. Ne hagyja felforrni a levest. Sózzuk, borsozzuk ízlés szerint. Forrón, sajttal megszórva tálaljuk.

Fontina, kenyér és káposztaleves

Zuppa alla Valpelline

6 adagot készít

Valle d'Aosta egyik legjobb emléke az aromás fontina sajt és az ízletes teljes kiőrlésű kenyér a régióból. A sajtot tehéntejből készítik, és hegyi barlangokban érlelik. Keressen olyan sajtot, amelynek természetes kérge van és hegy sziluettje van a tetején, hogy biztosan megkapja az igazi fontinát. Ehhez a kiadós leveshez használjon jó rágós kenyeret. A Savoy kelkáposzta enyhébb ízű, mint a sima levelű fajta.

8 házi készítésű pohár<u>Húsleves</u>vagy félig bolti marhahúsleves és fél víz keveréke

2 evőkanál sótlan vaj

1 kis káposzta finomra aprítva

Só

¼ teáskanál frissen őrölt szerecsendió

¹1/4 teáskanál őrölt fahéj

frissen őrölt fekete bors

12 uncia Fontina Valle d'Aosta

12 szelet mag nélküli ropogós rozskenyér, teljes rozs vagy teljes kiőrlésű kenyér, pirítva

1. Ha szükséges, elkészítjük a húslevest. Ezután olvasszuk fel a vajat egy nagy edényben. Adjunk hozzá káposztát és sót ízlés szerint. Lefedve 30 percig pároljuk, időnként megkeverve, amíg a káposzta megpuhul.

2. Melegítsd elő a sütőt 350° F. Tegyél egy nagy fazékba a húslevest, a szerecsendiót, a fahéjat, a sót és a borsot, és forrald fel közepes lángon.

3. Helyezzen 4 szelet kenyeret egy mély, 3 literes tűzálló edény vagy egy nehéz mély fazék vagy sütőedény aljába. A tetejére rakjuk a káposzta felét és a sajt egyharmadát. Ismételje meg egy másik réteg kenyérrel, káposztával és sajttal. Fedjük le a maradék kenyérrel. Óvatosan felöntjük a forró húslevessel. Vágja apró darabokra a fenntartott sajtot, és kenje rá a levesre.

4. Süssük aranybarnára és buborékosra a tepsit, körülbelül 45 perc alatt. Tálalás előtt 5 percig állni hagyjuk.

krémes gombaleves

Zuppa di Funghi

8 adagot készít

A hálaadást nem ünneplik Olaszországban, de gyakran tálalom ezt a krémes észak-olasz szárított friss gombalevest az ünnepi menü részeként.

8 házi készítésű pohár<u>Húsleves</u>vagy félig bolti marhahúsleves és fél víz keveréke

1 uncia szárított vargánya gomba

2 csésze forró víz

2 evőkanál sótlan vaj

1 közepes hagyma, apróra vágva

1 gerezd fokhagyma finomra vágva

1 kiló fehér gomba, vékonyra szeletelve

1 1/2 csésze száraz fehérbor

1 evőkanál paradicsompüré

1/2 csésze nehéz tejszín

apróra vágott friss lapos petrezselyem, díszítéshez

Só és frissen őrölt fekete bors

1. Ha szükséges, elkészítjük a húslevest. Ezután tegye a vargányát a vízbe, és hagyja ázni 30 percig. Vegye ki a gombát a tálból, és tartsa le a folyadékot. Öblítse le a gombát hideg folyóvíz alatt, hogy eltávolítsa a szemcséket, különös figyelmet fordítva a szárvégekre, ahol a szennyeződés összegyűlik. A gombát nagy darabokra vágjuk. A gombás folyadékot papír kávészűrőn keresztül egy edénybe szűrjük.

2. Egy nagy fazékban közepes lángon olvasszuk fel a vajat. Adjuk hozzá a hagymát és a fokhagymát, és főzzük 5 percig. Hozzáadjuk az összes gombát, és időnként megkeverve főzzük, amíg a gomba enyhén megpirul, körülbelül 10 percig. Sózzuk, borsozzuk ízlés szerint.

3. Adjuk hozzá a bort és forraljuk fel. Adjuk hozzá a húslevest, a gombás folyadékot és a paradicsompürét. Csökkentse a hőt, és forralja 30 percig.

4. Adjuk hozzá a tejszínt. Megszórjuk petrezselyemmel és azonnal tálaljuk.

Pesto zöldségleves

Pesto Minestrone

6-8 adagot tesz ki

Liguriában egy kanál illatos pesto szószt adnak a minestrone tálakba. Nem elengedhetetlen, de nagyon feldobja a leves ízét.

1 1/4 csésze olívaolaj

1 közepes vöröshagyma apróra vágva

2 apróra vágott sárgarépa

2 zeller tarja, apróra vágva

4 érett paradicsom meghámozva, kimagozva és apróra vágva

1 kiló mángold vagy spenót, apróra vágva

3 közepes főtt burgonya, meghámozva és apróra vágva

3 kisebb cukkini, apróra vágva

8 uncia zöldbab, 1/2 hüvelykes darabokra vágva

8 uncia héjas friss cannellini vagy borlotti bab vagy 2 csésze főtt, szárított vagy konzerv bab, lecsepegtetve

Só és frissen őrölt fekete bors

1 recept pesto

4 uncia kis tésztaformák, például tubetti vagy könyök

1. Öntsük az olajat egy nagy fazékba. Adjuk hozzá a hagymát, a sárgarépát és a zellert. Főzzük, gyakran kevergetve, közepes lángon, amíg a zöldségek megpuhulnak és aranybarnák lesznek, körülbelül 10 percig.

2. Hozzáadjuk a paradicsomot, a mángoldot, a burgonyát, a cukkinit és a babot. Felöntjük annyi vízzel, hogy ellepje a zöldségeket. Sózzuk, borsozzuk ízlés szerint. Főzzük, időnként megkeverve, amíg a leves besűrűsödik és a zöldségek megpuhulnak, körülbelül 1 órán át. Adjunk hozzá egy kevés vizet, ha túl sűrű lenne.

3. Közben elkészítjük a pestót, ha szükséges. Amikor a leves besűrűsödött, hozzáadjuk a tésztát. Kevergetve főzzük, amíg a tészta megpuhul, körülbelül 10 percig. Hagyjuk kissé kihűlni. Tálaljuk forrón, egy tál pesto körül, hogy az asztalnál adjuk hozzá, vagy tálaljuk a levest tálakba, és tegyünk egy kis pestót mindegyik közepébe.

Pavia tojásleves

Zuppa alla Pavese

4 adagot készít

A húslevesben buggyantott tojás gyors és finom étel. A leves akkor tálalható, ha a fehérje megdermedt és a sárgája még puha.

2 liter házilagHúslevesvagy félig bolti húsleves és fél víz keveréke

4 szelet vidéki kenyér, enyhén pirítva

4 nagy tojás, szobahőmérsékleten

4-6 evőkanál frissen reszelt Parmigiano-Reggiano

Só és frissen őrölt fekete bors

1. Ha szükséges, elkészítjük a húslevest. Ha nem frissen készült, lassú tűzön melegítsük fel a levest. Ízlés szerint sózzuk, borsozzuk.

2. Készítsen elő 4 forró tál levest. Tegyünk egy-egy szelet pirítóst minden tálba, majd minden szelet pirítós tetejére törjünk egy tojást.

3.Öntsük a forró húslevest a tojásokra, hogy néhány centimétert ellepjen. Megszórjuk a sajttal. Hagyjuk állni, amíg a tojásfehérje ízlés szerint megfő. Forrón tálaljuk.

sós fanyar tészta

Frolla Salata tészta

9-10 hüvelykes pitehéjat készít

Ízletes quiche-szerű sütemény készíthető sajttal, tojással és zöldségekkel. Ezek a péksütemények szobahőmérsékleten vagy melegen is jók, és tálalhatók sole piattoként (egytálételként) vagy előételként. Ez a tészta mindenféle sós pitékhez jó.

Ezt a tésztát két műanyaglap közé kentem. Megakadályozza, hogy a tészta hozzáragadjon a deszkához és a sodrófához, így nem kell több lisztet hozzáadni, ami keménysé teheti a tésztát. Annak érdekében, hogy a héja ropogós legyen az alján, a töltelék hozzáadása előtt a héjat részben megsütöm.

11/2 csésze univerzális liszt

1 teáskanál só

1 1/2 csésze (1 rúd) sótlan vaj, szobahőmérsékleten

1 tojássárgája

3-4 evőkanál jeges víz

1. A tészta elkészítése: A lisztet és a sót egy nagy tálban összekeverjük. Állványmixerrel vagy villával vágja bele a vajat, amíg a keverék durva morzsára nem hasonlít.

2. A tojássárgáját 2 evőkanál vízzel felverjük. A keveréket a lisztre szórjuk. Enyhén keverjük addig, amíg a tészta egyenletesen megnedvesedik és összeáll anélkül, hogy ragacsos lenne. Ha szükséges, adjuk hozzá a maradék vizet.

3. A tésztából korongot formázunk. Csomagolja be műanyagba. Hűtőbe tesszük 30 percre vagy egy éjszakára.

4. Ha a tésztát egy éjszakán át hűtőben hűtöttük, hagyjuk szobahőmérsékleten 20-30 percig pihenni, mielőtt kinyújtjuk. Helyezze a tésztát két műanyag fólia közé, és nyújtsa ki egy 12 hüvelykes kört, majd minden fordulattal fordítsa meg a tésztát, és helyezze át a műanyag fóliát. Távolítsa el a műanyag fólia felső lapját. A megmaradt lapot használva a tészta megemeléséhez helyezze a tészta műanyag oldalával felfelé egy 9-10 hüvelykes, kivehető aljú piteformába. Távolítsa el a műanyag fóliát. Finoman nyomkodjuk a tésztát az aljára és az oldalaira.

5. Tekerjük a sodrófát a tepsi tetejére, és vágjuk le a kilógó tésztát. Nyomja a tésztát a serpenyő oldalához, hogy egy olyan élt hozzon létre, amely magasabb, mint a serpenyő széle. A tésztahéjat 30 percre hűtőbe tesszük.

6.Helyezze a sütőrácsot a sütő alsó harmadába. Melegítse elő a sütőt 450 ° F-ra. Villával 1 hüvelykes időközönként szúrja meg a pitehéj alját. 5 percig sütjük, majd ismét szúrjuk ki a tésztát. Készre sütjük, még 10 percig. Vegye ki a héjat a sütőből. Rácson hagyjuk hűlni 10 percig.

Spenótos és ricotta torta

Crostata di Spinaci

8 adagot készít

Egy ilyen tortát ettem Ferrarában, Róma egyik kedvenc éttermében. Valami hasonló a quiche-hez, ricottával készül, hogy krémesebb legyen. Ebédhez vagy villásreggelihez ideális, salátával és hűtött pinot grigio borral tálaljuk.

1 receptsós fanyar tészta

Töltött

1 kiló spenót, apróra vágva és leöblítve

1 1/4 csésze víz

1 1/2 csésze egészben vagy részben sovány ricotta

1 1/2 csésze nehéz tejszín

3/4 csésze frissen reszelt Parmigiano-Reggiano

2 nagy tojás, felverve

1/4 teáskanál frissen reszelt szerecsendió

Só és frissen őrölt fekete bors

1. Előkészítjük és részben megsütjük a héjat. Csökkentse a sütő hőmérsékletét 375 °F-ra.

2. Közben elkészítjük a tölteléket. A spenótot egy nagy fazékba tesszük közepes lángon a vízzel. Fedjük le és főzzük 2-3 percig, vagy amíg megpuhul és megpuhul. Lecsepegtetjük és lehűtjük. Csomagolja be a spenótot egy szöszmentes ruhába, és nyomja ki annyi vizet, amennyit csak lehetséges. A spenótot apróra vágjuk.

3. Egy nagy tálban keverjük össze a spenótot, a ricottát, a tejszínt, a sajtot, a tojást, a szerecsendiót, valamint ízlés szerint sózzuk és borsozzuk. A keveréket az előkészített tortahéjba kaparjuk.

4. Süssük 35-40 percig, vagy amíg a töltelék megszilárdul és enyhén megpirul.

5. Hűtsük le a tortát a serpenyőben 10 percig. Távolítsuk el a külső szélét, és helyezzük a tortát egy tálra. Melegen vagy szobahőmérsékleten tálaljuk.

póréhagymás lepény

Crostata di Porri

6-8 adagot tesz ki

Ezt a tortát egy enoteca-ban vagy borozóban ettem Bolognában. A Parmigiano diós íze és a tejszín fokozza a póréhagyma édes ízét. Póréhagyma helyett párolt gombával vagy paprikával is elkészíthetjük.

1 receptsós fanyar tészta

Töltött

4 közepes póréhagyma, körülbelül 1 1/4 font

3 evőkanál sótlan vaj

Só

2 nagy tojás

³1/4 csésze nehéz tejszín

1/3 csésze frissen reszelt Parmigiano-Reggiano

frissen reszelt szerecsendió

frissen őrölt fekete bors

1. Előkészítjük és részben megsütjük a héjat. Csökkentse a sütő hőmérsékletét 375 °F-ra.

2. Elkészítjük a tölteléket: Vágjuk le a póréhagyma gyökereit és a zöld csúcsok nagy részét. Vágjuk hosszában ketté, és minden réteg között alaposan öblítsük le hideg folyóvíz alatt. A póréhagymát keresztben vékony szeletekre vágjuk.

3. Egy nagy serpenyőben közepes lángon olvasszuk fel a vajat. Adjuk hozzá a póréhagymát és egy csipet sót. Főzzük gyakran kevergetve, amíg a póréhagyma megpuhul, amikor egy késsel megszúrjuk, körülbelül 20 percig. Vegyük le a serpenyőt a tűzről, és hagyjuk kihűlni.

4. Egy közepes tálban keverjük össze a tojást, a tejszínt, a sajtot és egy csipet szerecsendiót. Adjunk hozzá póréhagymát és borsot ízlés szerint.

5. Öntsük a keveréket a részben megsült tortahéjba. Süssük 35-40 percig, vagy amíg a töltelék meg nem áll. Melegen vagy szobahőmérsékleten tálaljuk.

Mozzarella, bazsalikom és sült paprikás szendvicsek

Panini di Mozzarella

2 adagot készít

Ezt a szendvicset olykor úgy készítem, hogy a bazsalikomot rukkolával, a pirospaprikát pedig prosciutto-val helyettesítem.

4 uncia friss mozzarella sajt, 8 szeletre vágva

4 szelet vidéki kenyér

4 friss bazsalikom levél

¼ csésze pirított piros vagy sárga kaliforniai paprika, vékony csíkokra vágva

1. Vágja le a mozzarella szeleteket, hogy ráférjen a kenyérre. Ha lédús a mozzarella, szárítsuk meg. Helyezze a sajt felét egy rétegben két szelet kenyérre.

2. A bazsalikomleveleket és a kaliforniai paprikát a sajtra helyezzük, majd rátesszük a maradék mozzarellát. Helyezze rá a maradék kenyeret, és kézzel nyomja le erősen.

3.Melegíts elő egy szendvicsprést vagy grillserpenyőt. Helyezze a szendvicseket a présbe, és pirításig süsse, körülbelül 4-5 percig. Ha serpenyőt használ, helyezzen rá nehéz súlyt, például egy serpenyőt. A szendvicseket fordítsa meg, ha az egyik oldaluk megpirult, a tetejére kenje meg a súlyt, és pirítsa meg a másik oldalát. Forrón tálaljuk.

Spenótos és robiola szendvicsek

Panino di Spinaci és Robiola

2 adagot készít

A focaccia kellemes ízt és állagot ad a préselt panininek. A spenótot más zöldségekkel is helyettesíthetjük, vagy felhasználhatunk maradék zöldségeket is. A sajthoz szívesen használok robiola-t, egy lágy tejszínes tehén-, kecske- vagy juhtejből készült sajtot, vagy ezek kombinációját, Piemontból és Lombardiából. További lehetőségek a friss kecskesajt vagy akár a tejszínhab. Adjon hozzá egy-két csepp szarvasgomba olajat a töltelékhez, hogy földes ízt és egy csipet luxust érjen el.

1 csomag (10 uncia) friss spenót

4 uncia friss robiola vagy kecskesajt helyettesítő

Szarvasgomba olaj (opcionális)

2 négyzet vagy szelet friss focaccia

1. Tegye a spenótot egy nagy fazékba közepes lángon 1/4 csésze vízzel. Fedjük le és főzzük 2-3 percig, vagy amíg megpuhul és megpuhul. Lecsepegtetjük és lehűtjük. Csomagolja be a spenótot

egy szöszmentes ruhába, és nyomja ki annyi vizet, amennyit csak lehetséges.

2. A spenótot apróra vágjuk, és egy közepes tálba tesszük. Adjuk hozzá a sajtot, és a spenótot a sajttal reszeljük össze. Adjunk hozzá egy-két csepp szarvasgomba olajat, ha szükséges.

3. Egy hosszú fogazott késsel óvatosan vágja ketté a focacciát vízszintesen. Kenjük a keveréket a focaccia alsó felének belső oldalára. Helyezze rá a szendvicsek tetejét, és óvatosan lapítsa el őket.

4. Melegíts elő egy szendvicsprést vagy grillserpenyőt. Ha prést használ, tegye a szendvicseket a présbe, és pirításig süsse, körülbelül 4-5 percig. Ha brojler serpenyőt használ, tegye a szendvicseket a serpenyőbe, majd egy nehéz súlyt, például egy serpenyőt, tegye rá.

5. Amikor az egyik oldal aranybarna, fordítsa meg a szendvicseket, tegye rá a súlyt, és pirítsa meg a másik oldalát. Forrón tálaljuk.

Riviera szendvics

Panino della Riviera

4 adagot készít

Az Olaszországot és Franciaországot elválasztó földrajzi határ szintén nem jelent különbséget a két oldalon elfogyasztott élelmiszerek tekintetében. Hasonló éghajlatú és földrajzi helyzetük miatt az olasz és a francia partok mentén élő emberek étkezési szokásai nagyon hasonlóak. Ilyen például a francia pan bagnat és az olasz pane bagnato, azaz "mártott kenyér", amelyet Olaszországban Riviéra szendvicsnek is neveznek. Ez az élénk vinaigrette öntettel meglocsolt zamatos szendvics tonhallal és franciában sült paprikával van töltve. A határ olasz oldalán a tonhal helyett a mozzarellát és a szardellat adják hozzá, de a többi nagyjából ugyanaz. Ez a tökéletes szendvics egy piknikre, mert az ízek jól összeillenek, és így csak jobb lesz.

1 vekni olasz kenyér, körülbelül 12 hüvelyk hosszú

Kötszer

1 gerezd fokhagyma, nagyon finomra aprítva

1/4 csésze olívaolaj

2 evőkanál ecet

1/2 teáskanál szárított oregánó, morzsolva

Só és frissen őrölt fekete bors

2 érett paradicsom, szeletelve

1 (2 uncia) konzerv szardella

8 uncia szeletelt mozzarella

2 pirított paprika meghámozva és a levével együtt kimagozva

12 olajban pácolt olívabogyó, kimagozva és apróra vágva

1. A kenyeret hosszában kettévágjuk, és a puha kenyeret kivesszük a belsejéből.

2. Egy kis tálban keverjük össze az öntet hozzávalóit, és öntsük az öntet felét a kenyér vágott oldalára. A kenyér alsó felét megkenjük paradicsommal, szardella, mozzarellla, sült paprikával és olajbogyóval, minden réteget meglocsolunk egy kevés öntettel.

3. Helyezze rá a szendvics tetejét, és nyomja össze. Csomagoljuk fóliába, és fedjük le egy deszkával vagy egy vastag serpenyővel.

Hagyja állni szobahőmérsékleten legfeljebb 2 órát, vagy tárolja a hűtőszekrényben egy éjszakán át.

4. 3 hüvelyk széles szendvicsekre vágjuk. Szobahőmérsékleten tálaljuk.

Háromszög alakú tonhal és sült paprikás szendvicsek

Tramezzini Tonnóval és Pepperonival

3 szendvicset készít

A kiadós Riviera szendvicsből származó ízek egy része bekerül ebbe a finom háromszögletű szendvicsbe, amelyet egy kedvenc római kávézóban próbáltam ki. A tonhalat édesköménymaggal fűszerezték, de én szívesen helyettesítem édeskömény pollennel, ami csak őrölt édesköménymag, de ízesebb. Manapság sok szakács használja, és megtalálható a szárított gyógynövényekre szakosodott ínyenc boltokban, valamint az internetes oldalakon. Ha nem találod az édeskömény pollent, helyettesítsd édesköménymaggal, amit vagy saját magad darálhatsz fűszerdarálóban, vagy apríthatsz késsel.

1 kis piros kaliforniai paprika lecsepegtetve és vékony csíkokra vágva

Extra szűz olívaolaj

Só

1 doboz (31/2 uncia) olasz tonhal olívaolajba csomagolva

2 evőkanál majonéz

1-2 teáskanál friss citromlé

1 evőkanál apróra vágott zöldhagyma

1 teáskanál édeskömény pollen

4 szelet jó minőségű fehér kenyér

1. Keverjük össze a pirított borsot kevés olajjal és sóval.

2. A tonhalat csepegtessük le és tegyük egy tálba. A tonhalat villával jól felaprítjuk. Keverjük össze a majonézt, a citromlevet ízlés szerint és a zöldhagymát.

3. Kenje meg a tonhalat a két kenyérszeletre. A tetejére tegyük a paprikacsíkokat. Befedjük a maradék kenyérrel, enyhén megnyomkodjuk.

4. Egy nagy szakácskéssel vágja le a kenyér héját. Vágja félbe a szendvicseket átlósan, hogy két háromszöget formázzon. Azonnal tálaljuk, vagy szorosan letakarjuk műanyag fóliával, és tálalásig hűtőbe tesszük.

Háromszög alakú sonkás és füges szendvicsek

Tramezzini di Prosciutto és Fichi

2 szendvicset készít

A prosciutto sóssága és a fügelekvár édessége kellemes kontrasztot kínál ebben a szendvicsben. Előételnek nagyon jó, ha negyedekre vágod. Pezsgő Prosecco-val tálaljuk.

Sózatlan vaj, szobahőmérsékleten

4 szelet jó minőségű fehér kenyér

Kb. 2 evőkanál fügelekvár

4 vékony szelet importált olasz prosciutto

1. Minden szelet kenyér egyik oldalát vékonyan kivajazzuk. Kenjen meg körülbelül 2 teáskanál fügelekvárt a vajra minden szeleten.

2. A szeletek közepére tegyünk két szelet serranói sonkát. Helyezze a maradék kenyérszeleteket lekvárral lefelé a serrano sonka tetejére.

3. Egy nagy szakácskéssel vágja le a kenyér héját. Vágja félbe a szendvicseket átlósan, hogy két háromszöget formázzon. Azonnal tálaljuk, vagy műanyag fóliával letakarva hűtsük le.

Amaretto sült alma

Mele al'Amaretto

6 adagot készít

Az Amaretto édes likőr; Az amaretti ropogós sütemény. Mindkét olasz terméket kétféle mandulával ízesítik: az ismerős fajtával, plusz egy enyhén keserű mandulával, amelyet nem fogyasztanak simán, bár Olaszországban gyakran használják desszertek ízesítésére. Az Amaro jelentése "keserű", és mind a likőr, mind a sütemény ezekről a mandulákról kapta a nevét. Mindkettő széles körben elérhető: a sütemények a szaküzletekben és a postai rendelés, az ital pedig számos italboltban.

A legismertebb márkájú amaretti keksz jellegzetes piros dobozokba vagy dobozokba van csomagolva. A sütiket páronként pasztell selyempapírba csomagoljuk. Vannak más amaretti márkák is, amelyek zacskóba csomagolják a sütiket. Mindig van otthon amarettim. Hosszú ideig eltartható, és egy csésze tea mellett, vagy különféle édes és sós ételek hozzávalójaként fogyasztható.

Az arany az alma, amit jobban szeretek sütni. A helyben termesztettek édesek és ropogósak, de sütve nagyon jól tartják a formáját.

6 sütőalma, mint például arany finom

6 db amaretti süti

6 evőkanál cukor

2 evőkanál sótlan vaj

6 evőkanál amaretto vagy rum

1.Helyezzen egy rácsot a sütő közepére. Melegítsd elő a sütőt 375 °F-ra. Vajazz ki egy akkora sütőedényt, hogy függőlegesen tartsa az almát.

2.Távolítsa el az alma magját, és hámozzuk meg az almát a szártól lefelé körülbelül kétharmadáig.

3.Helyezze az amarettit egy műanyag zacskóba, és finoman törje össze őket egy nehéz tárggyal, például egy sodrófával. Egy közepes tálban keverjük össze a morzsát a cukorral és a vajjal.

4.Töltsön egy kis keveréket minden alma közepébe. Az amarettót ráöntjük az almára. Öntsön 1 csésze vizet az alma köré.

5.Süssük 45 percig, vagy amíg az alma megpuhul, ha késsel megszúrjuk. Melegen vagy szobahőmérsékleten tálaljuk.

Livia almás pitéje

Torta di Mele alla Livia

8 adagot készít

Barátnőm, Livia Colantonio Umbriában él a Podernovo nevű farmon. A farmon Chianina szarvasmarhát nevelnek, különféle borszőlőt termesztenek, és Castello delle Regine címkével palackozzák a bort.

A vendégek az egyik gyönyörűen felújított vendégházban szállhatnak meg Podernovóban, amely mindössze 45 percre van Rómától, és élvezze a békés nyaralást. Livia elkészíti ezt az egyszerű, de szenzációs "pitét", ami mindig jól esik egy őszi vagy téli étkezés után. Hagyományos értelemben nem sütemény, mert szinte teljes egészében almából készült, a rétegek között csak néhány süteménymorzsa van, hogy a gyümölcslevek egy része benne legyen. Egy gombóc tejszínhabbal vagy rummal és mazsolás fagylalttal tálaljuk.

Szüksége lesz egy kerek serpenyőre vagy sütőedényre, amely 9 hüvelyk széles és 3 hüvelyk mély. Használjon tortaformát, rakott edényt vagy szuffléformát, de ne használjon rugós formát, mert az almalé kifolyik.

12 db amaretti süti

3 font golden delicious, Granny Smith vagy más kemény alma (kb. 6 nagy)

1 1/2 csésze cukor

1. Helyezze az amarettit egy műanyag zacskóba, és finoman törje össze őket egy nehéz tárggyal, például egy sodrófával. Kb. 3/4 csésze morzsának kell lennie.

2. Az almát meghámozzuk és hosszában negyedekre vágjuk. Vágja a negyedeket 1/8 hüvelyk vastag szeletekre.

3. Helyezzen egy rácsot a sütő közepére. Melegítse elő a sütőt 350 ° F-ra. Bőségesen zsírozzon ki egy 9 × 3 hüvelykes kerek tepsit vagy csőtepsit. A tepsi alját kibéleljük sütőpapírral. Vajja ki a papírt.

4. Készítsen egy réteg enyhén átfedő almát a serpenyő aljába. Megszórjuk egy kevés morzsával és cukorral. A megmaradt almaszeleteket felváltva rétegezzük a serpenyőben a maradék morzsával és cukorral. Az alma szeleteknek nem kell szépnek lenniük. Helyezzen alufóliát a tetejére, formázva a serpenyő szélén.

5. Az almát másfél órán át sütjük. Fedjük le és süssük további 30 percig, vagy amíg az alma megpuhul, amikor egy késsel

megszúrjuk, és térfogata csökken. Tegye át a serpenyőt egy rácsra. Hagyjuk hűlni legalább 15 percig. Fuss körbe egy késsel a serpenyő szélét. Egyik kezében tartva a serpenyőt egy edénytartóval, helyezzen egy lapos tálalótányért a serpenyő tetejére. Mindkettőt megfordítjuk, hogy az alma a tányérra kerüljön.

6. Szobahőmérsékleten, szeletekre vágva tálaljuk. Fedjük le egy fordított edénnyel, és tároljuk a hűtőszekrényben legfeljebb 3 napig.

Sárgabarack citromszirupban

Albicocche al Limone

6 adagot készít

A tökéletesen érett sárgabarack nem igazán szorul finomításra, de ha van olyan, ami nem tökéletes, próbálja meg főzni egy egyszerű citromszirupban. A buggyantott sárgabarackot hidegen, esetleg amarettóval ízesített tejszínhabbal tálaljuk.

1 csésze hideg víz

1 1/4 csésze cukor vagy ízlés szerint

2 (2 hüvelykes) csík citromhéj

2 evőkanál friss citromlé

1 font sárgabarack (kb. 8)

1. Egy elég nagy serpenyőben vagy serpenyőben, hogy a kajszibarack feleket egy rétegben tartsa, keverje össze a vizet, cukrot, héját és levét. Közepes-alacsony lángon felforraljuk, és a serpenyőt egyszer-kétszer elforgatva 10 percig főzzük.

2. A kajszibarack vonalát követve vágjuk félbe, és távolítsuk el a magját. Helyezze a feleket a forrásban lévő szirupba. Főzzük egyszer megforgatva, amíg a gyümölcs megpuhul, körülbelül 5 percig.

3. Hagyja a sárgabarackot rövid ideig hűlni a szirupban, majd letakarva tárolja a hűtőszekrényben. Hidegen tálaljuk.

Bogyók citrommal és cukorral

Frutti di Bosco al Limone

4 adagot készít

A friss citromlé és a cukor kiemeli a bogyók teljes ízét. Próbálja ki ezt egyetlen bogyós fajtával vagy kombinációjával. A fűszerezett bogyók tetejére tegyünk egy kanál citromjéggel vagy zserbettel, ha szükséges.

Egyik kedvenc bogyóm, az apró erdei szamóca (fragoline del bosco) elterjedt Olaszországban, de nálunk nem kapható. Az erdei szamóca finom eper aromájú, és könnyen termeszthető cserépben. A magok számos katalóguscégtől beszerezhetők, és a növényeket az Egyesült Államok számos faiskolájában megvásárolhatja.

1 csésze szeletelt eper

1 csésze szeder

1 csésze áfonya

1 csésze málna

Frissen facsart citromlé (kb. 2 evőkanál)

cukor (kb 1 evőkanál)

1.Egy nagy tálban óvatosan keverjük össze a bogyókat. Ízlés szerint meglocsoljuk citromlével és cukorral. Kóstoljuk meg és állítsuk be a fűszerezést.

2.A bogyókat lapos tálalóedényekbe rendezzük. Azonnal tálaljuk.

Eper balzsamecettel

Fragole al Balsamico

2 adagot készít

Ha megtalálja az olaszul fragoline del bosco néven ismert kis erdei epret, használja ezt a desszerthez. De a szokásos friss epernek is jót tesz az érlelt balzsamecetes gyors pác. Mint egy csipetnyi friss citromlé egy darab halra vagy egy só a steakre, a balzsamecet intenzív édes és csípős íze sok ételt kiemel. Tekintsd inkább fűszernek, mint ecetnek.

Valószínűleg érlelt balzsamecetet kell vásárolnia egy szaküzletben. New York környékén az egyik kedvenc forrásom a Di Palo Fine Foods a Grand Streeten, Little Italy-ban (lásd Források). A Louis Di Palo egy sétáló enciklopédia a balzsamecetről, valamint minden más Olaszországból importált élelmiszerről. Amikor először balzsamot rendeltem, elővett több üveget, és mindenkit mintával kínált a boltban, miközben mindegyiket elmagyarázta.

A legjobb balzsamot Modena és Reggio tartományokban készítik Emilia-Romagnában. Sima, összetett és szirupos, íze inkább egy gazdag likőrre emlékeztet, mint egy erős ecetre, és gyakran úgy isszák, mint egy szívélyes. Keresse az Aceto Balsamico Tradizionale szavakat a címkén. Bár drága, egy kicsit sokra megy.

1 pint vad- vagy termesztett eper, szeletelve, ha nagy

2 evőkanál legjobb minőségű érlelt balzsamecet, vagy ízlés szerint

2 evőkanál cukor

Egy közepes tálban keverjük össze az epret az ecettel és a cukorral. Tálalás előtt 15 percig állni hagyjuk.

Málna Mascarponéval és balzsamecettel

Lampone Mascarponéval és Balsamico-val

4 adagot készít

Mindig öblítse le a finom málnát közvetlenül a felhasználás előtt; Ha előzőleg kiöblíti őket, a nedvesség hatására gyorsabban megromolhatnak. Tálalás előtt ellenőrizze őket, és dobja ki azokat, amelyeken penészes jelek láthatók. A bogyókat sekély edényben, fedetlen hűtőben tároljuk, de vásárlás után mielőbb használjuk fel, mert hamar megromlanak.

A mascarpone egy sűrű, sima krém, amelyet sajtnak neveznek, bár csak enyhe sajtíze van. A tejfölhöz hasonló, vagy kicsit sűrűbb az állaga. Ha jobban tetszik, helyettesítheti crème fraîche-val, ricottával vagy tejföllel.

1 1/2 csésze mascarpone

Körülbelül 1/4 csésze cukor

1-2 evőkanál legjobb minőségű érlelt balzsamecet

2 csésze málna, enyhén öblítve és szárítva

1. Egy kis tálban keverjük jól össze a mascarponét és a cukrot. Ízlés szerint adjunk hozzá balzsamecetet. Hagyjuk állni 15 percig, majd keverjük újra.

2. Osszuk el a málnát 4 adagolópohárba vagy tálba. Megkenjük a mascarponéval és azonnal tálaljuk.

Cseresznye Baroloban

Ciliege al Barolo

4 adagot készít

Itt édes, érett meggyet párolnak piemonti módra Baroloban vagy más testes vörösborban.

³1/4 csésze cukor

1 csésze Barolo vagy más száraz vörösbor

1 kiló érett cseresznye, kimagozva

1 csésze nehéz vagy nehéz tejszín, nagyon hideg

1. Legalább 20 perccel azelőtt, hogy készen állna a tejszín felverésére, tegyen egy nagy keverőtálat és egy elektromos mixer habverőjét a hűtőszekrénybe.

2. Egy nagy serpenyőben keverjük össze a cukrot és a bort. Forraljuk fel, és főzzük 5 percig.

3. Adjuk hozzá a meggyet. Miután a folyadék ismét forr, főzzük addig, amíg a cseresznye megpuhul, amikor egy késsel megszúrjuk, még körülbelül 10 percig. Hagyjuk kihűlni.

4. Közvetlenül tálalás előtt vegyük ki a tálat és a habverőt a hűtőből. Öntsük a tejszínt a tálba, és a tejszínt nagy sebességgel verjük fel, amíg a habverők felemelésekor finoman megtartja formáját, kb. 4 perc.

5. A meggyet tálalótálakba öntjük. Szobahőmérsékleten vagy enyhén lehűtve tejszínhabbal tálaljuk.

forrón sült gesztenye

calderoste

8 adagot készít

Szent Márton napját, november 11-ét egész Olaszországban forrón sült gesztenyével és frissen készített vörösborral ünneplik. Az ünnepség nemcsak egy szeretett szent ünnepét jelzi, aki a szegények iránti kedvességéről volt ismert, hanem a vegetációs időszak végét is, azt a napot, amikor a föld megpihen télre.

A sült gesztenye a téli ünnepi étkezések klasszikus befejező eleme Olaszország-szerte. Én beteszem a sütőbe főni, amikor leülünk vacsorázni, és mire elkészülünk a főételünkkel, már fogyasztható is.

1 font friss gesztenye

1. Helyezzen egy rácsot a sütő közepére. Melegítse elő a sütőt 425° F-ra. Öblítse le a gesztenyét és szárítsa meg. Helyezze a gesztenyét lapos oldalukkal lefelé egy vágódeszkára. Óvatosan vágjon egy X-et mindegyik tetejébe egy kis, éles kés hegyével.

2. Helyezze a gesztenyét egy nagy teherbírású alumíniumfóliára. Az egyik végét hajtsa a másikra, hogy a gesztenyét befogja. Hajtsa fel a végeit, hogy lezárja. Helyezze a csomagot egy

sütőlapra. A gesztenyét kis késsel megszúrva süssük puhára, körülbelül 45-60 perc alatt.

3. Helyezze át a fóliacsomagot egy hűtőrácsra. Hagyja a gesztenyét alufóliába csomagolva 10 percig. Forrón tálaljuk.

fügekonzervek

Marmellata di Fichi

1 1/2 pintet tesz ki

A háziasított és vadon élő fügefák egész Olaszországban nőnek, kivéve a legészakibb régiókat, ahol túl hideg van. Mivel olyan édesek és széles körben elérhetők, a fügét számos desszertben használják, különösen Dél-Olaszországban. Az érett füge nem tart jól, így amikor nyár végén bőséges, különböző módon tárolható. Pugliában a fügét vízzel főzik, hogy sűrű, édes szirupot készítsenek, amelyet desszertekhez használnak. A fügét napon szárítják, vagy fügekonzervet készítenek belőle.

Egy kis adag fügekonzervet könnyű elkészíteni, és egy hónapig is eláll a hűtőszekrényben. Hosszabb tárolás esetén a lekvárt be kell dobozolni (a biztonságos befőzési módszereket követve) vagy le kell fagyasztani. Tálaljuk sajtos fogás kiegészítéseként, vagy vajas diós kenyéren reggelire.

1 1/2 font friss, érett füge, leöblítve és szárítva

2 csésze cukor

2 csík citromhéj

1. A fügét meghámozzuk és negyedekre vágjuk. Tedd őket egy közepes tálba cukorral és citromhéjjal. Jól keverjük össze. Lefedjük és egy éjszakára hűtőbe tesszük.

2. Másnap öntse át a tál tartalmát egy nagy, nehéz serpenyőbe. Közepes lángon lassú tűzön felforraljuk. Főzzük, időnként megkeverve, amíg a keverék kissé besűrűsödik, körülbelül 5 percig. Annak ellenőrzéséhez, hogy a keverék elég sűrű-e, helyezzen egy cseppet a kissé lehűtött folyadékból a hüvelyk- és mutatóujja közé. Ha a keverék egy szálat alkot, amikor a hüvelykujja és az ujja kissé távol van egymástól, akkor a befőzés kész.

3. Öntsük sterilizált üvegekbe, és tároljuk a hűtőszekrényben legfeljebb 30 napig.

Csokoládéba mártott füge

Fichi al Cioccolato

8-10 adagot tesz ki

A dióval töltött, csokoládéba mártott, nedves szárított füge remek vacsora utáni csemege.

Szeretek kandírozott narancshéjat vásárolni a Kalustyan's-ban, egy New York-i boltban, amely fűszerekre, szárított gyümölcsökre és diófélékre specializálódott. Mivel sokat árulnak, mindig friss és ízes. Sok más szaküzletben jó kandírozott narancshéjat árulnak. Kérheti levélben is (ldForrások). A szupermarketekből és más gyümölcsökből származó kandírozott narancshéjat apró darabokra vágják, és általában kiszáradnak és íztelenek.

18 nedves szárított füge (kb. 1 font)

18 pirított mandula

1 1/2 csésze kandírozott narancshéj

4 uncia keserű csokoládé apróra vágva vagy apróra törve

2 evőkanál sótlan vaj

1. Béleljünk ki egy tálcát sütőpapírral, és helyezzünk rá egy hűtőrácsot. Minden ábra alján készítsen egy kis bemélyedést. Tegyünk a fügébe egy mandulát és egy darab narancshéjat. Nyomja össze a rést, hogy bezárja.

2. Forró víz fölé állított dupla bojler felső felében olvasszuk fel a csokoládét és a vajat, körülbelül 5 percig. Levesszük a tűzről és simára keverjük. 5 percig állni hagyjuk.

3. Mindegyik fügét mártsuk az olvasztott csokoládéba, és tegyük rácsra. Amikor az összes füge elázott, tegyük a tálcát a hűtőbe, hogy a csokoládé megdermedjen, körülbelül 1 órára.

4. Helyezze a fügét egy légmentesen záródó edénybe, és válassza el az egyes rétegeket viaszpapírral. Legfeljebb 30 napig hűtőszekrényben tárolandó.

Füge borszirupban

Fichi alla Contadina

8 adagot készít

A szárított kalimyrna és a kaliforniai missziós füge nedves és telt. Bármelyik fajta használható ehhez a recepthez. Orvvadászat után úgy is jók, ahogy vannak, vagy fagylalttal vagy tejszínhabbal tálalják. Gorgonzola sajttal is jól passzolnak.

1 csésze vin santo, marsala vagy száraz vörösbor

2 evőkanál méz

2 (2 hüvelykes) csík citromhéj

18 nedves szárított füge (kb. 1 font)

1. Egy közepes lábosban keverje össze a vin santo-t, a mézet és a citromhéjat. Forraljuk fel, és főzzük 1 percig.

2. Adjuk hozzá a fügét és a hideg vizet, hogy ellepje. Forraljuk fel a folyadékot alacsony lángon, és fedjük le az edényt. Főzzük, amíg a füge megpuhul, körülbelül 10 percig.

3.Egy lyukas kanál segítségével tegyük át a fügét az edényből egy tálba. Főzzük a folyadékot, fedő nélkül, amíg csökken és kissé besűrűsödik, körülbelül 5 percig. Öntsük a szirupot a fügére, és hagyjuk kihűlni. Hűtőbe tesszük legalább 1 órára, de legfeljebb 3 napig. Enyhén lehűtve tálaljuk.

Dóra sült füge

fichi al forno

2 tucat

A dióval töltött szárított füge pugliai különlegesség. Ez a recept Dora Marzovilla barátomtól származik, aki vacsora utáni snackként szolgálja fel őket családja New York-i éttermében, az I Trulliban. A fügét egy pohár desszertborral, például Moscato di Pantelleria-val tálaljuk.

24 nedves szárított füge (kb. 1,5 font), a szárvégek eltávolítva

24 pirított mandula

1 evőkanál édesköménymag

¹1/4 csésze babérlevél

1. Helyezzen egy rácsot a sütő közepére. Melegítse elő a sütőt 350 ° F-ra. Távolítsa el a kemény szárvégeket az egyes ábrákról. Egy kis késsel vágjunk be a füge tövébe. Tegyünk egy mandulát a fügébe, és csípjük össze a rést.

2. Helyezze a fügét egy sütőlapra, és süsse 15-20 percig, vagy amíg enyhén aranybarna nem lesz. Rácson hagyjuk kihűlni.

3. Tegye a fügét egy légmentesen záródó, 1 literes üveg- vagy műanyag edénybe. Megszórjuk néhány édesköménymaggal. Fedjük le egy réteg babérlevéllel. A rétegezést addig ismételjük, amíg az összes összetevőt el nem használjuk. Fedjük le és tálalás előtt legalább 1 hétig hűvös helyen tároljuk (de nem hűtőben).

Mézharmat menta szirupban

Melone alla Mint

4 adagot készít

Egy szicíliai tengerparti étteremben elfogyasztott remek halvacsora után az édes dinnye friss mentaszirupban fürdetett friss kombinációját tálalták nekünk.

1 csésze hideg víz

1 1/2 csésze cukor

1/2 csésze csomagolt friss fodormenta levél, plusz még a díszítéshez

8-12 szelet hámozott érett mézharmat

1. Egy serpenyőben keverjük össze a vizet, a cukrot és a mentaleveleket. Forraljuk fel, és főzzük 1 percig, vagy amíg a levelek megpuhulnak. Levesszük a tűzről. Hagyjuk kihűlni, majd a szirupot egy finom szűrőn keresztül egy tálba szűrjük, hogy a mentaleveleket leszűrjük.

2. Helyezzük a dinnyét egy tálba, és öntsük rá a szirupot. Rövid ideig hűtőben hűtjük. Mentalevéllel díszítve tálaljuk.

Narancs narancssziruphan

Arancia pác

8 adagot készít

A lédús narancs édes szirupban tökéletes desszert egy bőséges étkezés után. Különösen télen szeretem tálalni, amikor a friss narancs a legjobb. Egy tálba rendezve a narancs nagyon szépnek tűnik a csillogó narancshéjcsíkokkal és sziruppal. Változatként vágd kockákra a narancsot, és keverd össze a szeletelt érett ananásszal. Mindenre tálaljuk a narancsszószt.

8 nagy köldök narancs

1 1/4 csésze cukor

2 evőkanál pálinka vagy narancslikőr

1. Dörzsölje át a narancsot ecsettel. Vágja le a végeket. Zöldséghámozóval széles csíkokban távolítsuk el a narancshéj színes részét (a héját). Kerülje a keserű fehér bélbe való mélyedést. A héjcsíkokat egymásra rakjuk, és keskeny gyufaszál darabokra vágjuk.

2. Távolítsuk el a narancs fehér magját. A narancsokat tálalótálra rendezzük.

3. Egy kis edényt vízzel felforralunk. Adjuk hozzá a narancshéjat, és forraljuk fel. 1 percig főzzük. A héját leszűrjük és hideg vízzel leöblítjük. Ismétlés. (Ez segít eltávolítani a keserűséget a héjból.)

4. Helyezze a cukrot és 1/4 csésze vizet egy másik kis serpenyőbe közepes lángon. Forraljuk fel a keveréket. Főzzük, amíg a cukor elolvad és a szirup besűrűsödik, körülbelül 3 percig. Adjuk hozzá a narancshéjat és főzzük még 3 percig. Hagyjuk kihűlni.

5. Adjuk hozzá a narancspálinkát az edény tartalmához. Villával eltávolítjuk a narancshéjat a szirupból, és a narancs tetejére tesszük. Öntsük a szirupot egy kanállal. Fedjük le és hűtsük le 3 órán keresztül, amíg készen áll a tálalásra.

Gratin narancs zabaglionével

Arancia allo Zabaglione

4 adagot készít

A gratiné egy francia szó, ami azt jelenti, hogy megbarnítja az edény felületét. Általában sós ételekre alkalmazzák, amelyeket zsemlemorzsával vagy sajttal megszórnak, hogy elősegítsék a barnulást.

A zabaglione-t általában önmagában vagy gyümölcs- vagy süteményszószként szolgálják fel. Itt ráöntjük a narancsra, és rövid ideig pirítjuk, amíg enyhén megpirul, és krémes öntetet kap. Banán, kivi, bogyós gyümölcsök vagy más puha gyümölcsök is elkészíthetők így.

6 köldöknarancs meghámozva és vékonyra szeletelve

sabayon

1 nagy tojás

2 nagy tojássárgája

1/3 csésze cukor

⅓ csésze száraz vagy édes Marsala

1. A grillt előmelegítjük. Tűzálló tepsibe helyezzük a narancsszeleteket, kissé átfedve.

2. A zabaglione elkészítése: Töltsön meg egy kis serpenyőt vagy egy dupla bojler alját 2 hüvelyk vízzel. Lassú tűzön forraljuk fel. Egy tálban, amely nagyobb, mint a serpenyő pereme vagy a dupla kazán teteje, keverje össze a tojást, a sárgáját, a cukrot és a Marsalát. Elektromos kézi mixerrel habosra keverjük. Tedd forrásban lévő vízzel teli fazék fölé. Körülbelül 5 percig addig verjük, amíg a keverék halvány színű lesz, és sima formát nem kap, amikor a habverőt felemeljük.

3. A zabaglione-t a narancsra kenjük. Helyezze az edényt brojler alá 1-2 percre, vagy amíg a zabaglione foltokban megpirul. Azonnal tálaljuk.

Fehér őszibarack az Asti Spumante-ban

Pesche Bianche az Asti Spumante-ban

4 adagot készít

Az Asti Spumante édes, pezsgő desszertbor Piemontból, Olaszország északnyugati részén. Finom íze és narancsvirág illata van, amely a muskotályszőlőből származik. Ha nem talál fehér őszibarackot, a sárga őszibarack jól használható, vagy helyettesítheti egy másik nyári gyümölcsöt, például nektarint, szilvát vagy sárgabarackot.

4 nagy érett fehér őszibarack

1 kanál cukor

8 uncia hideg Asti Spumante

1. Az őszibarackot meghámozzuk és kimagozzuk. Vágja őket vékony szeletekre.

2. Az őszibarackot összekeverjük a cukorral és 10 percig állni hagyjuk.

3. Egy kanál segítségével poharakba vagy parfépoharakba kanalazzuk az őszibarackot. Öntsük bele az Asti Spumante-t és azonnal tálaljuk.

Őszibarack vörösborban

Hal al Vino Rosso

4 adagot készít

Emlékszem, néztem, ahogy nagyapám felvágta a saját termesztésű fehér őszibarackot, hogy egy kancsó vörösborba áztassa. Az édes baracklevek megszelídítették a bor minden keménységét. A fehér őszibarack a kedvencem, de a sárga őszibarack vagy a nektarin is jó.

⅓ csésze cukor, vagy ízlés szerint

2 csésze gyümölcsös vörösbor

4 érett őszibarack

1. Egy közepes tálban keverjük össze a cukrot és a bort.

2. Az őszibarackot félbevágjuk és kimagozzuk. Az őszibarackot apróra vágjuk. Keverje össze őket a borral. Fedjük le és tegyük hűtőbe 2-3 órára.

3. Az őszibarackot és a bort öntsük poharakba, és tálaljuk.

Amaretti töltött őszibarack

hal a sütőben

4 adagot készít

Ez a piemonti kedvenc desszert. Sűrű tejszínnel meglocsolva vagy egy gombóc fagylalttal megkenve tálaljuk.

8 közepes őszibarack, nem túlérett

8 db amaretti süti

2 evőkanál lágyított sótlan vaj

2 evőkanál cukor

1 nagy tojás

1. Helyezzen egy rácsot a sütő közepére. Melegítsd elő a sütőt 375 °F-ra. Vajazz ki egy akkora sütőedényt, hogy egyetlen rétegben elférjen benne az őszibarack fele.

2. Helyezze az amarettit egy műanyag zacskóba, és finoman törje össze őket egy nehéz tárggyal, például egy sodrófával. Körülbelül 1/2 csésze kell. Egy közepes tálban habosra keverjük a vajat és a cukrot, majd hozzáadjuk a morzsát.

3. Kövesse az őszibarack körüli vonalat, vágja félbe, és távolítsa el a magját. Grapefruit kanál vagy dinnyegombóc segítségével a közepéből kikanalazunk az őszibarack húsából, hogy kiszélesítsük a nyílást, és hozzáadjuk a morzsás keverékhez. Adjuk hozzá a tojást a keverékhez.

4. A félbarack feleket vágott oldalukkal felfelé a tányérra helyezzük. Mindegyik őszibarack felére kanalazunk a morzsás keverékből.

5. 1 órát sütjük, vagy amíg az őszibarack megpuhul. Forrón vagy szobahőmérsékleten tálaljuk.

Körte narancsszószban

Pere all 'Arancia

4 adagot készít

Amikor meglátogattam Anna Tasca Lanzát Regalealiban, családja szicíliai borbirtokán, hazavitt néhány kiváló mandarin lekvárból. Anna kenhető és desszert szószként is használja a lekvárt, és ő ihletett, hogy keverjek bele az általa főzött körtéből készült orvvadász folyadékba. A körtéknek gyönyörű arany máza volt, és mindenkinek tetszett az eredmény. Mostanában gyakran készítem ezt a desszertet. Mivel gyorsan kimerítette az Anna által adott lekvárkészletet, minőségi bolti narancslekvárt használok.

1/2 csésze cukor

1 csésze száraz fehérbor

4 kemény, érett körte, például Anjou, Bartlett vagy Bosc

1/3 csésze narancslekvár

2 evőkanál narancs- vagy rumos likőr

1. Egy akkora serpenyőben, hogy a körtéket függőlegesen tartsa, keverje össze a cukrot és a bort. Közepes lángon felforraljuk, és addig főzzük, amíg a cukor fel nem oldódik.

2. Adjuk hozzá a körtét. Fedjük le a serpenyőt, és főzzük körülbelül 30 percig, vagy amíg a körte megpuhul, amikor egy késsel megszúrjuk.

3. Egy lyukas kanál segítségével tegyük át a körtét egy tálra. Adjuk hozzá a lekvárt a serpenyőben lévő folyadékhoz. Forraljuk fel, és főzzük 1 percig. Levesszük a tűzről, és hozzáadjuk a likőrt. A szószt ráöntjük a körtére és köré. Fedjük le, és tálalás előtt legalább 1 órával hűtőben hűtsük le.

Körte Marsalával és tejszínnel

Pere al Marsala

4 adagot készít

Egy bolognai trattoriában készítettem így körtét. Ha közvetlenül vacsora előtt készíti el őket, akkor a desszerthez megfelelő hőmérsékletűek lesznek.

Szicíliából importált száraz és édes Marsalát találhatunk, bár a száraz jobb minőségű. Bármelyik felhasználható desszertek készítésére.

4 nagy Anjou, Bartlett vagy Bosc körte, nem túlérett

1/4 csésze cukor

1/2 csésze víz

1/2 csésze száraz vagy édes Marsala

1/4 csésze nehéz tejszín

1. A körtéket meghámozzuk és hosszában félbevágjuk.

2. Egy akkora serpenyőben, hogy a körteféléket egy rétegben tartsa, közepes lángon forralja fel a cukrot és a vizet. Keverjük, hogy a cukor feloldódjon. Adjuk hozzá a körtét, és fedjük le a serpenyőt. Főzzük 5-10 percig, vagy amíg a körte villával megszúrva majdnem megpuhul.

3. Egy lyukas kanál segítségével tegyük át a körtét egy tányérra. Adjuk hozzá a Marsalát a serpenyőbe, és forraljuk fel. Főzzük, amíg a szirup kissé sűrű lesz, körülbelül 5 percig. Adjuk hozzá a tejszínt és pároljuk még 2 percig.

4. Tegyük vissza a körtét a serpenyőbe, és öntsük le a szósszal. Tegye a körtét a tálaló tányérokra, és öntse a szószt a tetejére. Tálalás előtt hagyjuk szobahőmérsékletűre hűlni.

Körte meleg csokoládészósszal

Pere Affogato al Cioccolato

6 adagot készít

Az édes-savanyú csokoládészószba mártott friss körte klasszikus európai desszert. Bolognában ettem, ahol a csokoládészósz Majani csokoládéval készült, egy helyben gyártott márkával, amely sajnos nem utazik messzire szülővárosától. Használjon jó minőségű keserű csokoládét. Az egyik márka, amit szeretek, a Scharffen Berger, Kaliforniában készül.

6 Anjou, Bartlett vagy Bosc körte, nem túlérett

2 csésze víz

³1/4 csésze cukor

4 (2 × 1/2 hüvelykes) narancshéj csík, rudakra vágva

11/2 csészeforró csokoládé szósz

1. A körtéket meghámozzuk, a szárát érintetlenül hagyjuk. Egy dinnyekanállal vagy kiskanállal szedjük ki a magot és a magokat a körte aljáról.

2. Egy akkora serpenyőben, hogy az összes körtét függőlegesen tartsa, forraljuk fel a vizet, a cukrot és a narancshéjat közepes lángon. Addig keverjük, amíg a cukor fel nem oldódik.

3. Adjuk hozzá a körtét, és mérsékeljük a lángot. Fedjük le a serpenyőt, és főzzük a körtét egyszer forgatva 20 percig, vagy amíg egy kis késsel megszúrjuk, amíg megpuhul. A körtéket hagyjuk kihűlni a szirupban.

4. Tálaláskor elkészítjük a csokoládészószt.

5. Egy lyukas kanál segítségével tegyük át a körtét a tálaló tányérokra. (Fedje le és hűtse le a szirupot egy másik felhasználáshoz, például salátához vágott gyümölcsökbe dobja.) Meglocsoljuk meleg csokoládészósszal. Azonnal tálaljuk.

Rumos fűszeres körte

Pere al Rhum

6 adagot készít

Az érett körte édes, sima, már-már virágos íze sok más kiegészítő íznek is megfelel. Gyümölcsök, például narancs, citrom, bogyós gyümölcsök és sok sajt illik hozzájuk, a körte buggyantására pedig gyakran marsalát és száraz borokat használnak. Piemontban kellemesen meglepett, hogy ezt a lassan főtt körtét, fűszeres rumszirupban, egyszerű mogyorótorta kíséretében tálalták.

6 Anjou, Bartlett vagy Bosc körte, nem túlérett

1 1/4 csésze barna cukor

1/4 csésze sötét rum

1 1/4 csésze víz

4 egész fog

1. A körtéket meghámozzuk, a szárát érintetlenül hagyjuk. Egy dinnyekanállal vagy kiskanállal szedjük ki a magot és a magokat a körte aljáról.

2. Egy elég nagy serpenyőben, amelybe belefér a körte, keverjük össze a cukrot, a rumot és a vizet közepes lángon, amíg a cukor elolvad, körülbelül 5 perc alatt. Adjuk hozzá a körtét. A szegfűszeget szétterítjük a gyümölcs körül.

3. Fedjük le az edényt, és hagyjuk, hogy a folyadék felforrjon. Közepes-alacsony lángon főzzük 15-20 percig, vagy amíg a körte megpuhul, ha egy késsel megszúrjuk. Egy lyukas kanál segítségével tegyük át a körtét egy tálra.

4. A folyadékot fedő nélkül addig pároljuk, amíg sűrűsödik és sűrű lesz. Szűrjük le a folyadékot a körtékre. Hagyjuk kihűlni.

5. Szobahőmérsékleten vagy letakarva tálaljuk és hűtőben hűtjük.

Fűszeres körte pecorinóval

Pere allo Spezie e Pecorino

6 adagot készít

A toszkánok büszkék kiváló pecorino sajtjaikra. Minden városnak megvan a maga változata, és mindegyiknek az íze kissé eltér a többitől, attól függően, hogy hogyan érlelték és honnan származik a tej. A sajtokat általában fiatalon és még félkemény állapotban fogyasztják. Desszertként fogyasztva a sajtot néha meglocsoljuk egy kis mézzel, vagy körtével tálaljuk. Szeretem ezt a kifinomult bemutatót, amelyet Montalcinóban tartottam: a pecorinót helyi vörösborban és fűszerekben főtt körtével szolgálják fel, friss dióval kísérve.

Természetesen a körtéket önmagában vagy egy nagy adag tejszínhabbal is tálaljuk.

6 közepes Anjou, Bartlett vagy Bosc körte, nem túlérett

1 csésze száraz vörösbor

1 1/2 csésze cukor

1 darab fahéj (3 hüvelyk)

4 egész fog

8 uncia Pecorino Toscano, Asiago vagy Parmigiano-Reggiano sajt, 6 darabra vágva

12 fél dió, pirítva

1. Helyezzen egy rácsot a sütő közepére. Melegítse elő a sütőt 450 ° F-ra. Helyezze a körtéket egy akkora tepsibe, hogy függőlegesen tartsa őket.

2. A bort és a cukrot addig keverjük, amíg a cukor megpuhul. Öntsük a keveréket a körtékre. A körte köré szórjuk a fahéjat és a szegfűszeget.

3. Süsse a körtét, időnként borral meglocsolva, 45-60 percig, vagy amíg megpuhul, ha egy késsel megszúrjuk. Ha a folyadék kezd kiszáradni, mielőtt a körte elkészül, öntsünk egy kevés meleg vizet a serpenyőbe.

4. Hagyjuk kihűlni a körtéket a tányéron, időnként meglocsoljuk a serpenyőből származó levével. (Ahogy a lé lehűl, besűrűsödik, és gazdag vörös mázzal vonja be a körtét.) Távolítsa el a fűszereket.

5. Szobahőmérsékleten vagy enyhén hidegen tálaljuk a körtéket a sziruppal. Két fél dióval és egy darab sajttal tálaló tányérokra helyezzük őket.

Buggyantott körte Gorgonzolával

Pere al Gorgonzola

4 adagot készít

A gorgonzola sajt csípős íze sima krémmel keverve ízletes kiegészítője ezeknek a fehérboros citromszirupban buggyantott körtéknek. Egy csipetnyi pisztácia élénk színt ad. Az Anjou, a Bartlett és a Bosc körte a kedvenc buggyantási fajtáim, mert vékony formájuk lehetővé teszi, hogy egyenletesen főznek. A buggyantott körte akkor tartja meg a legjobban formáját, ha a gyümölcs nem túlérett.

2 csésze száraz fehérbor

2 evőkanál friss citromlé

³1/4 csésze cukor

2 (2 hüvelykes) csík citromhéj

4 körte, például Anjou, Bartlett vagy Bosc

4 uncia gorgonzola

2 evőkanál ricotta, mascarpone vagy kemény tejszín

2 evőkanál apróra vágott pisztácia

1. Egy közepes lábasban keverjük össze a bort, a citromlevet, a cukrot és a citromhéjat. Forraljuk fel, és főzzük 10 percig.

2. Közben a körtéket meghámozzuk és hosszában kettévágjuk. Távolítsa el a magokat.

3. Csúsztassa a körtét a borszirupba, és késsel átszúrva főzzük puhára, körülbelül 10 percig. Hagyjuk kihűlni.

4. Egy lyukas kanál segítségével tegyünk két körte felét minden tálalótányérra, a maggal felfelé. A szirupot a körte köré csorgatjuk.

5. Egy kis tálban pépesítsd a gorgonzolát a ricottával, hogy sima masszát kapj. A sajtkeverék egy részét a körte felének magházába kanalazzuk. Megszórjuk a pisztáciával. Azonnal tálaljuk.

Körte vagy almapuding torta

Budino di Pere vagy Mele

6 adagot készít

Ez a desszert nem sütemény vagy puding, hanem puhára főtt, majd enyhén süteményszerű feltéttel kisütött gyümölcsökből áll. Almához vagy körtéhez, de akár őszibarackhoz vagy szilvához is jó.

Szeretek sötét rumot használni ennek a desszertnek az ízesítésére, de világos rumot, konyakot vagy akár grappát is helyettesíthet.

³1/4 csésze mazsola

¹1/2 csésze sötét rum, konyak vagy grappa

2 evőkanál sótlan vaj

8 kemény érett alma vagy körte, meghámozva és 1/2 hüvelykes szeletekre vágva

⅓ csésze cukor

Kiegészítés

6 evőkanál sótlan vaj, megolvasztva és lehűtve

1/3 csésze cukor

1 1/2 csésze univerzális liszt

3 nagy tojás, szétválasztva

2 1/3 csésze teljes tej

2 evőkanál sötét rum, konyak vagy grappa

1 teáskanál tiszta vanília kivonat

Csipet só

porcukor

1. Egy kis tálban keverjük össze a mazsolát és a rumot. 30 percig állni hagyjuk.

2. Olvasszuk fel a vajat egy nagy serpenyőben közepes lángon. Adjuk hozzá a gyümölcsöt és a cukrot. Időnként megkeverve főzzük, amíg a gyümölcs majdnem megpuhul, körülbelül 7 percig. Adjuk hozzá a mazsolát és a rumot. Főzzük még 2 percig. Levesszük a tűzről.

3. Helyezzen egy rácsot a sütő közepére. Melegítse elő a sütőt 350° F. Egy 13 × 9 × 2 hüvelykes sütőedényt kivajazunk. Öntse a gyümölcskeveréket a tepsibe.

4. Készítsük el a feltétet: Egy nagy tálban, elektromos habverővel keverjük össze a vajat és a cukrot, körülbelül 3 perc alatt. Add hozzá a lisztet, csak hogy összeálljon.

5. Egy közepes tálban keverjük össze a tojássárgáját, a tejet, a rumot és a vaníliát. Keverje hozzá a tojásos keveréket a lisztes keverékhez, amíg el nem keveredik.

6. Egy másik nagy tálban tiszta habverővel verjük fel a tojásfehérjét a sóval alacsony sebességgel habosra. Növelje a sebességet, és addig verje, amíg lágy csúcsok keletkeznek, körülbelül 4 percig. A fehérjéket óvatosan beleforgatjuk a többi masszába. Öntsük a tésztát a tepsiben lévő gyümölcsökre, és süssük 25 percig, vagy amíg a teteje aranybarna és szilárd tapintású lesz.

7. Melegen vagy szobahőmérsékleten, porcukorral meghintve tálaljuk.

meleg gyümölcsbefőtt

Calda Gyümölcskomposzt

6-8 adagot tesz ki

A rumot gyakran használják desszertek ízesítésére Olaszországban. A sötét rumnak mélyebb íze van, mint a világos rumnak. Ha úgy tetszik, ebben a receptben helyettesítse a rumot egy másik likőrrel vagy édes borral, például a Marsala-val. Vagy készíts alkoholmentes változatot narancs- vagy almalével.

2 kemény, érett körte, meghámozva és kimagozva

1 arany finom vagy Granny Smith alma, meghámozva és kimagozva

1 csésze kimagozott aszalt szilva

1 csésze szárított füge, a szárvégeket eltávolítva

1 1/2 csésze kimagozott szárított sárgabarack

1 1/2 csésze fekete mazsola

1 1/4 csésze cukor

2 (2 hüvelykes) csík citromhéj

1 csésze víz

1/2 csésze sötét rum

1. A körtét és az almát 8 szeletre vágjuk. A szeleteket apró kockákra vágjuk.

2. Keverje össze az összes hozzávalót egy nagy serpenyőben. Lefedjük és közepes-alacsony lángon felforraljuk. Körülbelül 20 percig főzzük, amíg a friss gyümölcsök megpuhulnak és az aszalt gyümölcsök puhák. Adjunk hozzá még egy kis vizet, ha száraznak tűnnek.

3. Tálalás előtt hagyjuk kissé lehűlni, vagy fedjük le, és hűtsük 3 napig.

Velencei karamellizált gyümölcs

Golosezzi Veneziani

8 adagot készít

A velencei gyümölcsnyársak karamell bevonata megkeményedik, édes almára emlékeztet. Törölje meg a gyümölcsöket, és készítse el ezeket a gyümölcskabobokat egy száraz napon. Párás idő esetén a karamell nem keményedik meg megfelelően.

1 mandarin vagy klementin, meghámozva, részekre osztva

8 kis eper, meghámozva

8 mag nélküli szőlő

8 kimagozott datolya

1 csésze cukor

1 1/2 csésze világos kukoricaszirup

1 1/4 csésze víz

1. Fűzze fel a gyümölcsdarabokat felváltva mind a nyolc 6 hüvelykes fa nyársra. Helyezzen egy hűtőrácsot egy tálca tetejére.

2. Egy akkora serpenyőben, hogy hosszában elférjen a nyárs, keverje össze a cukrot, a kukoricaszirupot és a vizet. Közepes lángon, időnként megkeverve főzzük, amíg a cukor teljesen fel nem oldódik, körülbelül 3 percig. Amikor a keverék forrni kezd, hagyja abba a keverést, és addig főzze, amíg a szirup el nem kezd barnulni a szélei körül. Ezután óvatosan forgassa a serpenyőt a tűzön, amíg a szirup egyenletes aranybarna színű lesz, még körülbelül 2 percig.

3. Vegye le a serpenyőt a tűzről. Csipesz segítségével gyorsan mártsunk minden nyársat a szirupba úgy, hogy enyhén, de teljesen bevonjuk a gyümölcsöt. Hagyja, hogy a felesleges szirup visszafolyjon a serpenyőbe. Helyezzük a nyársakat a rácsra hűlni. (Ha a serpenyőben lévő szirup megkeményedik, mielőtt az összes nyársat mártotta volna, óvatosan melegítse újra.) Szobahőmérsékleten 2 órán belül tálaljuk.

Gyümölcs mézzel és Grappával

Gyümölcskomposzt a Grappa alatt

6 adagot készít

A grappa egyfajta pálinka, amelyet vinacciából, a szőlő préselése után visszamaradt héjból és magvakból készítenek. Volt idő, amikor a grappa durva ital volt, amelyet főleg Észak-Olaszországban ittak a munkások, hogy felmelegedjenek a hideg téli napokon. Ma a grappa egy rendkívül finomított ital, amelyet díszes dugóval ellátott dizájner palackokban árulnak. Egyes grappákat gyümölccsel vagy gyógynövényekkel ízesítenek, míg másokat fahordókban érlelnek. Ehhez a gyümölcssalátához és egyéb főzéshez használjon sima, íztelen grappát.

⅓ csésze méz

⅓ csésze grappa, pálinka vagy gyümölcslikőr

1 evőkanál friss citromlé

2 kiwi, meghámozva és felszeletelve

2 köldöknarancs, meghámozva és szeletekre vágva

1 pint eper, szeletelve

1 csésze mag nélküli zöld szőlő, félbevágva

2 közepes banán, szeletelve

1. Egy nagy tálban keverje össze a mézet, a grappát és a citromlevet.

2. Adjuk hozzá a kivit, a narancsot, az epret és a szőlőt. Hűtsük le legalább 1 vagy legfeljebb 4 órán keresztül. Közvetlenül tálalás előtt adjuk hozzá az útifűszert.

téli gyümölcssaláta

A tél Macedóniája

6 adagot készít

Olaszországban a gyümölcssalátát Macedóniának hívják, mert azt az országot egykor sok kis részre osztották, amelyekből egy egészet alkottak, hasonlóan ahhoz, ahogy a salátát különböző gyümölcsök falatnyi darabjaiból állították össze. Télen, amikor a gyümölcskínálat korlátozott, az olaszok ilyen salátákat készítenek, mézzel és citromlével körítve. Változatként baracklekvárral vagy narancslekvárral helyettesítsd a mézet.

3 evőkanál méz

3 evőkanál narancslé

1 evőkanál friss citromlé

2 grapefruit, meghámozva és szeletekre vágva

2 kiwi, meghámozva és felszeletelve

2 érett körte

2 csésze zöld mag nélküli szőlő, hosszában félbevágva

1. Egy nagy tálban keverjük össze a mézet, a narancslevet és a citromlevet.

2. Adjuk hozzá a gyümölcsöket a tálba, és jól keverjük össze. Tálalás előtt legalább 1 vagy legfeljebb 4 órát hűtsük le.

Grillezett nyári gyümölcs

Spiedini alla Frutta

6 adagot készít

A grillezett nyári gyümölcsök ideálisak a grillezéshez. Egyedül vagy süteményszeletekkel és fagylalttal tálaljuk.

Ha fa nyársat használ, áztassa hideg vízbe legalább 30 percre, nehogy megégjen.

2 nektarin, 1 hüvelykes darabokra vágva

2 szilva, 1 hüvelykes darabokra vágva

2 körte, 1 hüvelykes darabokra vágva

2 sárgabarack, negyedekre vágva

2 banán, 1 hüvelykes darabokra vágva

friss menta levelek

Körülbelül 2 evőkanál cukor

1. Helyezzen egy grillsütőt vagy grillsütőt körülbelül 5 hüvelykre a hőforrástól. Melegítse elő a grillt vagy a grillt.

2. Váltott gyümölcsdarabokat mentalevéllel 6 nyárson. Megszórjuk a cukorral.

3. Grill vagy pirítsuk meg a gyümölcsöt 3 percig az egyik oldalon. Fordítsa meg a nyársakat, és grillezze vagy süsse enyhén barnára, még körülbelül 2 percig. Forrón tálaljuk.

meleg ricotta mézzel

Ricotta al Miele

2-3 adagot készít

Ennek a desszertnek a sikere a ricotta minőségétől függ, ezért vásárolja meg a legfrissebbet. Míg a részben sovány ricotta finom, a zsírmentes nagyon szemcsés és íztelen, ezért hagyd ki. Ha szereti, adjon hozzá egy kis friss gyümölcsöt, vagy próbáljon ki mazsolát és egy csipet fahéjat.

1 csésze teljes tejes ricotta

2 evőkanál méz

1. Helyezze a ricottát egy kis tálba egy kisebb fazék forrásban lévő víz fölé. Melegítse melegre, körülbelül 10 percig. Jól keverjük össze.

2. A ricottát tálaló tányérokra helyezzük. Meglocsoljuk mézzel. Azonnal tálaljuk.

ricotta kávé

Ricotta all 'Caffè

2-3 adagot készít

Íme egy gyors desszert, amely sokféle variációra alkalmas. Néhány egyszerű omlós sütivel tálaljuk.

Ha nem tud finomra őrölt eszpresszót vásárolni, ügyeljen arra, hogy az őrölt kávét a kávédarálón vagy a konyhai robotgépen keresztül fújja át. Ha a szemek túl nagyok, a desszert nem fog jól összekeveredni, így kavicsos állagú lesz.

1 csésze (8 uncia) egészben vagy részben sovány ricotta

1 evőkanál finomra őrölt kávé (espresso).

1 kanál cukor

Csokoládé chips

Egy közepes tálban keverjük össze a ricottát, az eszpresszót és a cukrot, amíg sima nem lesz, és a cukor feloldódik. (A krémesebb állag érdekében a hozzávalókat robotgépben turmixold össze.) Parfé poharakba vagy serlegekbe töltjük, és csokoládéreszelékkel megkenjük. Azonnal tálaljuk.

Variáció: A csokis ricottához a kávé helyett 1 evőkanál cukrozatlan kakaót használjunk.

Mascarpone és őszibarack

Mascarpone al Pesche

6 adagot készít

A sima és krémes mascarpone és az őszibarack ropogós amarettivel gyönyörűen mutat parfé- vagy borospoharakban. Tálalja ezt a desszertet egy vacsorán. Senki sem fogja kitalálni, milyen könnyű ezt megtenni.

1 csésze (8 uncia) mascarpone

1/4 csésze cukor

1 evőkanál friss citromlé

1 csésze nagyon hideg tejszínhab

3 őszibarack vagy nektarin meghámozva és apróra vágva

1/3 csésze narancslikőr, amaretto vagy rum

8 db amaretti keksz, morzsára törve (kb. 1/2 csésze)

2 evőkanál pirított szeletelt mandula

1. Legalább 20 perccel a desszert elkészítése előtt tegyen egy nagy tálat és egy elektromos mixer habverőjét a hűtőszekrénybe.

2. Ha kész, egy közepes tálban habosra keverjük a mascarponét, a cukrot és a citromlevet. Vegye ki a tálat és a habverőt a hűtőből. A tejszínt a kihűlt tálba öntjük, és a tejszínt nagy sebességgel felverjük, amíg a habverők felemelésekor finoman megtartja formáját, kb. 4 perc. A tejszínhabot egy spatula segítségével óvatosan a mascarponés keverékhez keverjük.

3. Egy közepes tálban keverjük össze az őszibarackot és a likőrt.

4. A mascarponés krém felét hat parfé- vagy borospohárba öntjük. Rétegezzük az őszibarackot, majd megszórjuk az amaretti morzsával. Befedjük a maradék krémmel. Fedjük le és hűtsük le a hűtőszekrényben legfeljebb 2 órán keresztül.

5. Tálalás előtt szórjuk meg a mandulával.

Csokoládé hab málnával

Spuma di Cioccolato al Lampone

8 adagot készít

A mascarponéba és csokoládéba hajtogatott tejszínhab olyan, mint az instant csokoládéhab. A málna édes és fűszeres kiegészítő.

1 pint málna

1-2 evőkanál cukor

2 evőkanál málna-, cseresznye- vagy narancslikőr

3 uncia keserű vagy félédes csokoládé

1/2 csésze (4 uncia) mascarpone, szobahőmérsékleten

2 csésze hideg kemény vagy tejszínhab

Csokoládéforgács, díszítéshez

1. Legalább 20 perccel a desszert elkészítése előtt tegyen egy nagy tálat és egy elektromos mixer habverőjét a hűtőszekrénybe.

2. Ha kész, egy közepes tálban keverjük össze a málnát a cukorral és a likőrrel. Félretesz, mellőz.

3. Tölts meg egy kis edényt egy hüvelyknyi vízzel. Lassú tűzön forraljuk fel. A csokoládét az edény szélénél nagyobb tálba tesszük, és a tálat a forrásban lévő víz fölé helyezzük. Hagyjuk állni, amíg a csokoládé elolvad. Levesszük a tűzről és simára keverjük a csokoládét. Hagyjuk kicsit hűlni, körülbelül 15 percig. Gumilapáttal hajtsd bele a mascarponét.

4. Vegye ki a kihűlt tálat és a habverőt a hűtőszekrényből. Öntsük a tejszínt a tálba, és a tejszínt nagy sebességgel verjük fel, amíg a habverők felemelésekor finoman megtartja formáját, kb. 4 perc.

5. A tejszín felét egy spatula segítségével óvatosan a csokis keverékbe forgatjuk, a második felét az öntethez tartjuk fenn.

6. Nyolc parfé pohárba öntjük a csokikrém felét. Rétegezz málnával. Beleöntjük a maradék csokikrémmel. A tetejét megkenjük a tejszínhabbal. Csokoládéreszelékkel díszítjük. Azonnal tálaljuk.

Tiramisu

Tiramisu

8-10 adagot tesz ki

Senki sem tudja egészen biztosan, hogy miért hívják ezt a desszertet olaszul "pick me up"-nak, de az a feltételezés, hogy a név a kávé és a csokoládé által okozott koffein lökésből ered. Míg a klasszikus változat mascarponéval kevert nyers tojássárgákat tartalmaz, az én változatom tojásmentes, mert nem szeretem a nyers tojás ízét, és azt tapasztalom, hogy a desszert a kelleténél nehezebb.

A Savoiardi (Olaszországból importált ropogós keksz) széles körben elérhető, de helyettesíthető a keksz vagy a sima kekszszeletekkel. Kívánt esetben adjon hozzá néhány evőkanál rumot vagy konyakot a kávéhoz.

1 csésze hideg kemény vagy tejszínhab

1 kiló mascarpone

⅓ csésze cukor

24 db savoiardi (importált olasz keksz)

1 csésze eszpresszó kávé szobahőmérsékleten elkészítve

2 evőkanál cukrozatlan kakaópor

1. Legalább 20 perccel a desszert elkészítése előtt tegyen egy nagy tálat és egy elektromos mixer habverőjét a hűtőszekrénybe.

2. Ha kész, vegyük ki a tálat és a mixereket a hűtőből. Öntsük a tejszínt a tálba, és a tejszínt nagy sebességgel verjük fel, amíg a habverők felemelésekor finoman megtartja formáját, kb. 4 perc.

3. Egy nagy tálban keverjük simára a mascarponét és a cukrot. Vegyük ki a tejszínhab körülbelül egyharmadát, és egy rugalmas spatulával óvatosan a mascarponés keverékhez forgatjuk, hogy halványabb legyen. Óvatosan beledolgozzuk a maradék krémet.

4. Finoman és gyorsan mártsuk a savoiard felét a kávéba. (Ne telítse őket, különben szétesnek.) Rendezd el a sütiket egyetlen rétegben egy 9 × 2 hüvelykes négyzetes vagy kerek tálalólapon. Ráöntjük a mascarponés krém felét.

5. A maradék savoiardit mártsuk a kávéba, és rétegezzük a mascarponéval. Befedjük a mascarponés keverék többi részével, és a spatulával óvatosan szétterítjük. Tegye a kakaót egy finom hálószűrőbe, és rázza rá a desszert tetejére. Fedjük le fóliával vagy műanyag fóliával, és tegyük hűtőbe 3-4 órára vagy egy éjszakára, hogy az ízek összeérjenek. Hűtőben akár 24 óráig is jól eláll.

epres tiramisu

Tiramisu alle Fragole

8 adagot készít

Íme a tiramisu epres változata, amit egy olasz főzőlapban találtam. Még a kávés változatnál is jobban szeretem, de mindenféle gyümölcs alapú desszert jobban szereti.

A Maraschino egy átlátszó, enyhén keserű olasz cseresznyelikőr, amely a marasche cseresznye változatosságáról kapta a nevét. A Maraschino itt kapható, de tetszés szerint helyettesítheti egy másik gyümölcslikőrrel.

3 pint eper, megmosva és meghámozva

1 1/2 csésze narancslé

1/4 csésze maraschino, crème di cassis vagy narancslikőr

1 1/4 csésze cukor

1 csésze hideg kemény vagy tejszínhab

8 uncia mascarpone

24 savoiardi (olasz női ujjak)

1. Foglaljon le 2 csésze legszebb epret a díszítéshez. A többit feldaraboljuk. Egy nagy tálban keverjük össze az epret a narancslével, a likőrrel és a cukorral. Hagyjuk állni szobahőmérsékleten 1 órát.

2. Közben egy nagy tálat és egy elektromos mixer habverőjét tegyük a hűtőbe. Ha kész, vegyük ki a tálat és a mixereket a hűtőből. Öntsük a tejszínt a tálba, és a tejszínt nagy sebességgel verjük fel, amíg a habverők felemelésekor finoman megtartja formáját, kb. 4 perc. Rugalmas spatulával óvatosan beleforgatjuk a mascarponét.

3. Rétegezz cupcakes-t egy 9 × 2 hüvelykes négyzet alakú vagy kerek tálra. Öntsük bele az eper felét és a levét. A mascarponés krém felét a bogyókra kenjük.

4. Ismételje meg a második réteg piskótával, eperrel és tejszínnel, a krémet egy spatulával finoman kenje szét. Fedjük le és tegyük hűtőbe 3-4 órára vagy egy éjszakára, hogy az ízek összeérjenek.

5. Közvetlenül tálalás előtt szeleteljük fel a maradék epret, és tegyük sorokba a tetejére.

olasz apróság

angol Zuppa

10-12 adagot tesz ki

"Angol leves" ennek a finom desszertnek a szeszélyes neve. Úgy gondolják, hogy az olasz szakácsok az angol apróságból kölcsönözték az ötletet, és olasz vonásokat adtak hozzá.

1Vin Santo gyűrűkvagy 1 (12 uncia) bolti kilós sütemény 1/4 hüvelyk vastagra szeletelve

1/2 csésze fanyar cseresznye- vagy málnalekvár

11/2 csésze sötét rum vagy narancslikőr

21/2 csésze egyenkéntCsokoládé és vaníliás tészta krém

1 csésze nehéz vagy tejszínhab

friss málna, díszítéshez

Csokoládéforgács, díszítéshez

1.Ha szükséges, elkészítjük a sütemény- és cukrászkrémeket. Ezután egy kis tálban keverjük össze a lekvárt és a rumot.

2. Öntsük a vaníliás puding felét egy 3 literes tál aljába. A tortaszeletek 1/4 részét ráhelyezzük és megkenjük a lekváros keverék 1/4 részével. A tetejére helyezzük a csokis puding felét.

3. Készítsünk még 1/4 réteget a torta-lekvár keverékből. Ismételje meg a maradék vaníliás cukormázzal, a maradék torta-lekváros keverék 1/4-ével, a csokikrémmel és a torta-lekvár keverék többi részével. Fedje le szorosan műanyag fóliával, és tegye hűtőszekrénybe legalább 3 órára, de legfeljebb 24 órára.

4. Tálalás előtt legalább 20 perccel tegyünk egy nagy tálat és egy elektromos mixer habverőjét a hűtőszekrénybe. Közvetlenül tálalás előtt vegyük ki a tálat és a habverőt a hűtőből. Öntsük a tejszínt a tálba, és addig verjük nagy sebességgel, amíg a habverők felemelésekor simán megtartja formáját, körülbelül 4 percig.

5. Az apróság tetejére öntjük a tejszínt. Málnával és csokoládéreszelékkel díszítjük.

sabayon

2 adagot készít

Olaszországban a zabaglione (ejtsd: tsah-bahl-yo-neh; a g néma) egy édes és krémes tojásalapú desszert, amelyet gyakran szolgálnak fel tonikként, hogy erősítsék a megfázásban vagy más betegségben szenvedők erejét. Betegséggel vagy anélkül, önmagában, gyümölcsökhöz vagy süteményekhez mártogatósként is finom desszert.

A Zabaglione-t az elkészítése után azonnal le kell nyelni, különben összeeshet. A zabaglione idő előtti elkészítéséhez lásd a receptethideg zabaglione.

3 nagy tojássárgája

3 evőkanál cukor

3 evőkanál Marsala vagy száraz vagy édes vin santo

1. Egy dupla bojler vagy közepes fazék alsó felében forraljunk fel körülbelül 2 hüvelyk vizet.

2. A dupla bojler felső felében vagy a serpenyő fölé kényelmesen elhelyezhető hőálló tálban a tojássárgákat és a cukrot elektromos kézi mixerrel közepes sebességgel, kb 2 perc alatt

simára keverjük. Add hozzá a Marsalát. Helyezze a keveréket forrásban lévő víz fölé. (Ne hagyja felforrni a vizet, különben a tojás rántottá válik.)

3. Forrásban lévő víz felett hevítve verje tovább a tojáskeveréket, amíg halványsárga és nagyon bolyhos nem lesz, és sima formát tart, amikor leesik a habverőről, 3-5 percig.

4. Magas poharakba töltjük és azonnal tálaljuk.

Csokoládé Zabaglione

Zabaglione al Cioccolato

4 adagot készít

Ez a zabaglione variáció olyan, mint egy gazdag csokoládéhab. Melegen, hideg tejszínhabbal tálaljuk.

3 uncia keserű vagy félédes csokoládé, apróra vágva

1/4 csésze nehéz tejszín

4 nagy tojássárgája

1/4 csésze cukor

2 evőkanál rum vagy amaretto likőr

1. Egy dupla bojler vagy közepes fazék alsó felében forraljunk fel körülbelül 2 hüvelyk vizet. Keverjük össze a csokoládét és a tejszínt egy kis hőálló tálban, amelyet forrásban lévő víz fölé helyezünk. Hagyjuk állni, amíg a csokoládé elolvad. Rugalmas spatulával simára keverjük. Levesszük a tűzről.

2. A dupla bojler vagy egy másik hőálló edény tetején, amely a serpenyő fölé fér, a tojássárgákat és a cukrot elektromos kézi

mixerrel habosra keverjük, körülbelül 2 perc alatt. Adjuk hozzá a rumot. Helyezze a keveréket forrásban lévő víz fölé. (Ne hagyja felforrni a vizet, különben a tojás rántottá válik.)

3.Verje fel a sárgás keveréket, amíg halvány és bolyhos nem lesz, és sima formát tart, amikor leesik a habverőről, 3-5 perc alatt. Levesszük a tűzről.

4.Gumi spatulával óvatosan beleforgatjuk a csokis keveréket. Azonnal tálaljuk.

Hideg zabaglione piros bogyós gyümölcsökkel

Zabaglione Freddo Frutti di Boscóval

6 adagot készít

Ha nem szeretné a zabaglione-t közvetlenül tálalás előtt elkészíteni, akkor ez a hideg változat jó alternatíva. A zabaglionét jeges vízfürdőben lehűtjük, majd tejszínhabbal összeforgatjuk. Legfeljebb 24 órával előre megtehető. Szeretem friss bogyók vagy érett füge mellé tálalni.

1 recept (kb. 1 1/2 csésze) sabayon

3 1/4 csésze hideg kemény vagy tejszínhab

2 evőkanál porcukor

1 evőkanál narancslikőr

1 1/2 csésze áfonya, málna vagy ezek kombinációja, leöblítve és szárítva

1. Legalább 20 perccel a zabaglione elkészítése előtt tegyen egy nagy tálat és egy elektromos mixer habverőjét a hűtőszekrénybe. Töltsön meg egy másik nagy edényt jéggel és vízzel.

2. Készítse elő a zabaglione-t a 3. lépésben. Amint a zabaglione elkészült, vegye ki a forrásban lévő vízből, és helyezze a tálat a jeges víz fölé. Dróthabverővel verjük hidegre a zabaglionét, körülbelül 3 perc alatt.

3. Vegye ki a kihűlt tálat és a habverőt a hűtőszekrényből. Öntsük a tejszínt a tálba, és addig verjük nagy sebességgel, amíg sima formát nem kezdenek képezni, kb. 2 perc. Hozzáadjuk a porcukrot és a narancslikőrt. A tejszínt simára verjük, amikor a habverőt felverjük, még kb. 2 perc. Rugalmas spatula segítségével óvatosan hajtsa be a hideg zabaglione-t. Fedjük le és tegyük hűtőbe legalább 1 órára tálalásig.

4. Osszuk el a bogyókat 6 tányérra. Megkenjük a lehűtött zabaglione krémmel, és azonnal tálaljuk.

Citromzselé

Citromzselé

6 adagot készít

A citromlé és -héj teszi ezt a desszertet könnyűvé és frissítővé.

2 tasak ízesítetlen zselatin

1 csésze cukor

2 1/2 csésze hideg víz

2 (2 hüvelykes) csík citromhéj

2/3 csésze friss citromlé

Citromszeletek és menta ágak, díszítéshez

1. Egy közepes lábosban keverjük össze a zselatint és a cukrot. Adjuk hozzá a vizet és a citromhéjat. Közepes lángon, folyamatos keverés mellett főzzük, amíg a zselatin teljesen fel nem oldódik, körülbelül 3 percig. (Ne hagyja, hogy a keverék felforrjon.)

2. Levesszük a tűzről és hozzáadjuk a citromlevet. Öntse a keveréket egy finom hálós szűrőn keresztül egy 5 csésze

ramekinbe vagy tálba. Fedjük le és hűtsük, amíg meg nem áll, 4 órától egy éjszakán át.

3. Tálaláskor töltsön meg egy tálat meleg vízzel, és mártsa a formát a vízbe 30 másodpercre. Fuss körbe egy kis késsel az oldalakat. Helyezzen egy tányért a serpenyőre, és szorosan egymás mellett fordítsa meg őket, hogy a zselatin átkerüljön a tányérra. Díszítsük citromkarikákkal és mentaszálakkal.

Narancs rum zselé

Arancia al Rhum zselatinja

4 adagot készít

A rumillatú tejszínhab kellemes kísérője. Itt a vérnarancslé működik a legjobban.

2 tasak ízesítetlen zselatin

1/2 csésze cukor

1/2 csésze hideg víz

3 csésze friss narancslé

2 evőkanál sötét rum

Narancsszeletek, díszítéshez

1. Egy közepes lábosban keverjük össze a zselatint és a cukrot. Adjuk hozzá a vizet és főzzük közepes lángon, folyamatos keverés mellett, amíg a zselatin teljesen fel nem oldódik, körülbelül 3 percig. (Ne hagyja, hogy a keverék felforrjon.)

2. Levesszük a tűzről, és hozzáadjuk a narancslevet és a rumot. Öntse a keveréket egy 5 csésze ramekinbe vagy tálba. Fedjük le és hűtsük, amíg meg nem áll, 4 órától egy éjszakán át.

3. Tálaláskor töltsön meg egy tálat meleg vízzel, és mártsa a formát a vízbe 30 másodpercre. Fuss körbe egy kis késsel az oldalakat. Helyezzen egy tányért a serpenyőre, és szorosan egymás mellett fordítsa meg őket, hogy a zselatin átkerüljön a tányérra. Díszítsük a narancsszeletekkel.